"双减"背景下的学校管理与教育教学创新丛书

丛书总主编◎张仁贤

做最好的自己

——"扬长教育"模式的建构与实践

马锐雄◎主编

中国轻工业出版社

图书在版编目（CIP）数据

做最好的自己："扬长教育"模式的建构与实践 /
马锐雄主编. —北京：中国轻工业出版社，2022.1
ISBN 978-7-5184-0082-9

Ⅰ.①做…　Ⅱ.①马…　Ⅲ.①中学教育－教育研究
Ⅳ.①G632.0

中国版本图书馆 CIP 数据核字（2014）第 300327 号

责任编辑：刘云辉　　责任终审：劳国强　　责任监印：张　可
封面设计：郝亚娟　　图书策划：天宏教育

出版发行：中国轻工业出版社（北京东长安街 6 号，邮编 100740）
印　　刷：三河市人民印务有限公司
经　　销：各地新华书店
版　　次：2022 年 1 月第 1 版第 2 次印刷
开　　本：710×960mm　1/16
印　　张：13
字　　数：166 千字
书　　号：ISBN 978-7-5184-0082-9
定　　价：88.00 元

邮购电话：010－65241695　　传真：65128352
发行电话：010－85119835　85119793　　传真：85113293
网　　址：http://www.chlip.com.cn
Email：club@chlip.com.cn
如发现图书残缺请直接与我社邮购联系调换
141596Y1X101HBW

前言

扬长教育引领学校走向优质发展之路

引言：高中阶段教育是学生个性形成、自主发展的关键时期，对提高国民素质和培养创新人才具有特殊意义。要促进办学体制多样化，推动普通高中多样化发展，鼓励普通高中办出特色。要推进培养模式多样化，探索发现和培养创新人才的途径，满足不同潜质学生的发展需要，促进学生全面而有个性地发展。

——摘自《国家中长期教育改革和发展规划纲要》

扬长：抓住本质助推薄弱学校走向成功

1995 年至 2012 年，马锐雄同志担任布吉高级中学校长、党支部书记。布吉高中是一所为解决布吉片区居民读普通高中难而创办的。建校之初，学校没有校门、没有独立校园，四周杂草丛生，是典型的薄弱学校。经过短短 17 年发展，学校建设成为占地 6 万平方米，拥有一流教学设施、近 4000 名师生的广东省首个由村镇办学起步的国家级示范性高中、广东省一级学校、广东省首批教学水平评估优秀学校。用专家的话来说：“布吉高中在广大的普通面上学校，具有典型的示范性，它用了 15 年时间走过了许多百年老校的成长历程。”

在布吉高中，“想学生扬长，教师要必有所长；想让学生成功，必要让教师先成功”已成为全体教师的共识。学校以师德教育为核心，以课堂教学为基点，以科学评价为激励，以教育科研为引领，以培训学习为促进，指导教师走专业化发展之路。2009 年，马锐雄校长被评为广东省第二批基础教育系统名校长，被确认为广东省首批中小学校长工作室主持人之一，唐争艳老师和姜少梅老师获“南粤优秀教师”光荣称号，彭春晖老师喜获“深圳市优秀班主任”称号，黄少波等 16 位教师被确认为龙岗区

“优才工程”培养对象；63位老师成为国家、省、市各类竞赛优秀指导教师；教师111人（次）在市级以上专业技能大赛中获奖。学校现有特级教师1人，高级教师及研究生学历以上教师达93人，省、市、区学科带头人和骨干教师占教师总数的70%以上。学校配有外籍教师2人，专职心理辅导教师和生活指导教师18人。由该校教师承接的一项国家级科研课题结题，两项国家级科研课题立项。毋庸置疑，一个优质的教师团队正在该校形成。

走进布吉高中，首先吸引你的可能就是各具特色的班级文化：每个教室的门前都悬挂着班级愿景，教室内都有一张抒发同学们理想和抱负的绘画或书法作品，让人过目难忘。“我的活动我做主”系列主题活动，能让学生体会到主人翁的责任感、自豪感，活动的组织和管理本身也成为学子们飞扬青春、展示自我的舞台。要问布吉高中的学子，高中三年中印象最深的课是哪一节，或许学生们会异口同声告诉你，踏进布高的第一课，马锐雄校长为新生专门开设的学法讲座《如何规划高中生活》。一个看似简单的讲座，却鼓起了每一个学子的信心和梦想。在布吉高中，在老师的悉心指导下，每一个学子都订立了一份高中三年成长规划，“学好文化课、考间好大学”再不是所有学生唯一的目标，如何“认清自我，发现缺点，发挥特长，学会学法，立足起点，实现跨越”成了学子们的追求。

要探寻这段教育传奇的锻造原因，也许中央教科所专家的话，就是最好的答案：布吉高中的成功并非偶然，该校建校以来就一直不为功利性的应试教育所迷惑，真正走在时代之前，面向全体学生，不抛弃、不放弃，大胆提出“让每一个生都体验成功”的办学宗旨，推行先进的“扬长教育”教育理念，抓住了教育发展的本质、学生成长中最重要的东西。无疑，努力推行“扬长教育”办学理念，成为该校成功的法宝。

问及为何17年前，学校就能敢为天下先，大胆提出一系列先进办学理念时，学校的拓荒牛马锐雄校长表示：时代和民众赋予了教育更高的要求和更多的内涵，而面对许多教育现实问题，比如优生培养问题，学困生厌学、弃学问题等，我们有必要回归教育本源，明确教育的本质是育人，是促进每个孩子有最合适的发展，有健全人格，从而成为社会需要的人。教育的这一本质要求我们必须确立人的主体地位，必须以人为本，必须以培养人格健全的新一代为己任，为不同智能特点的学生发展设置阶梯，使不同层次的学生在各自起点上实现发展，一切从实际出发，面向每一位学生促其扬长，“让每一个学生都体验成功”正是对教育本质最好的诠释。

扬长：推动创新，促进优质学校展翅腾飞

2012 年 10 月，马锐雄同志受命担任龙城高级中学校长。这是一所有着优秀传统和光辉业绩的重点高中，无论是学校实际还是发展定位都与布吉高中有着非常大的不同。如何结合学校特点，把握教育规律，使龙城高级中学更上一层楼，是摆在马校长面前的重大课题。马校长深入基层认真调研，与干部师生悉心座谈，经过多方论证，结合学校“做高素养的现代中国人”的培养目标和学校实际，以“扬长教育”为核心，提出了“从爱出发，培养人格健全的、负责任的现代公民”的大德育工作方针，“常规加创新”的管理机制，“分层分类”的培养模式，确立了“创新型、国际性、由特色走向品牌”的学校发展之路。

龙城高级中学推行优生团队培养策略，因材施教，使优生得到超常发展，近几年优生团队高考成绩喜人：高考本科率、重点率稳步攀升，连续 8 年荣获深圳市高考卓越奖；近 3 年，谢韵、欧天盛、许骏洲等 13 名同学分别被北大、清华录取。优生团队入学前就要接受学校组织的拓展训练，以此锻炼学生的胆识，拓展学生的韧性，培养学生的团队精神，也要提前接受初高中衔接教育，尽早进入高中学习状态；入学后，教师团队根据学生特点整合教材，提速教学，并且有针对性地开设选修课程，实行数学、物理、化学、生物、信息奥赛走班教学。

在龙城高级中学，除国家课程外，学校学科竞赛、劳动教育、时评课程、心理健康教育、传统美德教育等形成了一个成熟的富于个性化的课程体系。这种个性又多元的课程体系促进了学生的全面发展。2014 年高考，龙城高级中学的郭宇翔和杨浩铭通过层层选拔，被香港中文大学（深圳）录取，他们在回忆自己通过香港中文大学的自主测试时自豪地说：“因为学校平时每周有‘时评课’，培养了我们对时事和社会问题的关注的习惯，不定期举办的国际教育公开课也开阔了我们的视野，所以面临这种考题时我们胸有成竹。”

龙高讲坛、文学社、英语角、天文观测组、气象组等 56 个社团，也为学生个性发展搭建了广阔的舞台。在龙城高级中学的校园里，每个角落都有社团活动的身影。大学社团里有的广播社、动漫社、戏剧社、摄影社在这里都有；航天社、航空社、航海社、车模社等你想象不到的社团这里也有；精彩无比、青春无敌的双节棍社，是学生自主创办、自己管理的社团，是现在学校规模最大的社团；街舞社、轮滑社有很多女社员，个个武艺高强、不逊

男子风采；学校最风光的电视台，旗下拥有DV社、广播站、记者站、表演社，纵览校园新闻大事，从编写到剪辑、播放，都由学生独立完成。

2013年，针对教育形势的发展变化、学生对知识多方面的需求以及学生全面发展的需要，马锐雄校长提出在国际班的基础上开设国际教育选修课，全部免费向全校学生开放，发展普惠型国际教育。学生可以在网络上在线学习美国密歇根州丹尼斯市高中课程，并有机会获得美国高中毕业证书。学生还可以自主选择学习日、法、德、俄四门小语种课程，开展“法国文化周”“德国文化周”“俄罗斯艺术展”等活动。随后，面向全校师生陆续免费开设了ESL（English as a Second Language）、《Public speaking（公共演讲）》《Marketing and International Business（国际商务与市场营销）》《Leadership（领导力）》、托福培训等国际教育课程。学校通过开设普惠型国际教育选修课程，极大地拓展了学生的国际视野，增强了他们对多元文化的理解与学习能力。

2014年9月，学校聘请了国际教育专职外籍教师Jonathan来校任职。Jonathan毕业于英国曼切斯特大学，有机化学博士，曾在英国、法国、意大利任教。来到中国后，也先后在北京人大附中、昆明三中、华南师范大学等中学和高校担任化学和英语教师，国际教育经验丰富。Jonathan不仅面向全校学生开展了全英文的化学课，而且对高三学生进行大学自主招生的面试指导，更与学校教师进行专题交流研讨。国际教育专职外籍教师的引进，一方面是为了推进普惠性国际教育，使每个学生都具有更广阔的国际视野，另一方面则是研究课程设置，为将来国际部建立国际认可的课程体系探路。

2014年10月，学校与香港培侨中学经过多次交流与协商，达成了建立姊妹学校的友好合作关系，联合开发《中学生领导力》课程及其它国际课程的合作意向。

学校的国际教育让学生的学习生活更加丰富多彩。这里有丰富多彩的通识课程；这里有外籍教师的幽默、灵活的授课方式及丰富的文化内容；这里可以让学生在中国的课堂上，身临其境地感受到美国的教学，可以让他们能够更加真切地了解和投入课堂，增进他们对西方国家和文化的认知、理解。国际教育的创新开展，在开拓学生国际视野的同时，也帮助许多学生走向世界著名大学。

扬长教育的理念推动了龙城高级中学的创新发展，让这所优质学校取得了更辉煌的成绩！

目录
CONTENTS

■ 专辑一　“扬长教育”的缘起与生成

■ 专辑二 “扬长教育”的共识与共鸣

■ 专辑三 “扬长教育”的对接与拓展

■ 专辑四　“扬长教育”的融合与创新

进一步，我们还要与布吉高中建立长期合作关系，加强联系，及时跟进，为促进西部教育的发展作出努力。

栖居布高校园 感悟教育思想①

一、培训情况

在广东省第二师范学院集中培训聆听了学术报告，在深圳市布吉高级中学跟岗学习聆听了该校校长的两堂学术报告，该校分管领导分别介绍了学校的教学、德育、后勤、安全管理及其所取得的成绩和学校特色建设的情况，参观了学校的硬件设施和文化建设，参加了马锐雄校长工作室到汕尾市林伟华中学的诊断活动，听取了校长工作室的情况介绍，先后深入课堂听课三节。

二、主要体会

做一名有思想的校长，这是我本次最大的体会。深圳市布吉高级中学马锐雄校长，1995年来到这个学校，当时这所学校只有18名教师，6个班，短短的16年时间，学校已发展为400余名教职工，3300多名学生的国家级示范高中。通过两周来的学习观察和与马校长的零距离接触，我自己深深地体会到“一个好校长就是一所好学校”的深刻内涵。思想决定行动，管理好学校不是靠权力，而是用学术去引领，马校长就是这样把一所薄弱学校引领到国家级示范高中的。他对普通高中优质发展进行了思

① [illegible]

专辑一
“扬长教育”的缘起与生成

□“扬长教育”模式的构建与实施

□ 张扬个性，大力发展特色高中

□ 立足管理，强化内涵，促进学校和谐发展、持续发展

□ 扬长·自主·成长

□“让每一个学生都体验成功”

——布吉高级中学办学理念诠释

□ 创办体育特色学校应走体教结合之路

□“扬长”思想指导下的高中艺术特色教育发展

□“扬长教育”理念下科技特色教育的发展

□ 中学思想政治课教学如何实践以人为本教育理念

□ 关于高效课堂的一些思考

□“扬长教育”理念指导下的高中数学分层教学

□ 扬学生所长，促和谐发展

□“扬长教育”让学生找到自信——布高暑期科组长培训心得

布吉高中是一所寄宿制普通高中，在短短17年的历程中实现了跨越式发展，由原来的村办学校，发展为广东省国家级示范性高中。1999年，马锐雄校长在总结学校办学实践经验基础上提出了“让每一个学生都体验成功”的办学宗旨，2005年，在实践中提炼出“扬长教育”、特色发展的办学理念。在此理念引领下，学校超越自身原有水平，实现特色优质发展，连年荣获深圳市高考超越奖、特色奖。科技、艺术、体育、德育等特色教育效果显著，得到业内及社会的广泛称誉，被誉为“深圳市龙岗区素质教育的典范”，学校成为中西部校长培训基地、广东省中小学校长培训实践基地。

“扬长教育”模式的构建与实施

2009年在全省考生人数增加、录取比例下降的情况下，在本届生源起点低、优秀学生不足的状况下，深圳市布吉高级中学高考再创佳绩，全面超额完成各项指标，龙岗区高考理科状元出自我校，“高进杰出”势头初显；低分数段学生实现了本科梦，“低进高出”特色明显；大批本地学生实现了本科梦；艺术特色再显张力，有一位同学考上中国美术学院。再次演绎了布高人不放弃任何学生，努力“让每一个学生都体验成功”的办学思想。是什么样的教学思想，让布高有如此高的办学能力？我认为是“扬长教育”模式打破了“生源决定论”，才使得布高连续五年实现高考进步率全市遥遥领先，才使得它一路跋涉，创造传奇。

一、“扬长教育”缘起

教育改革、教育发展的核心应该是以学生主体为本，布吉高级中学“让每一个学生都体验成功”的办学理念，即为此价值观的具体表现，同时这正是众多学校的办学方向与目标。学校教育要以学生为本，必然要正视学生之间存在的差异性，而学生需求与发展之间的差异性对学校教育提出了一种新的挑战。对高中学校来说，这种挑战更为严峻。由于学生来自不同地区，其所处社会环境、家庭状况及受教育方式各不相同，个人天赋也不相同，必然导致学生在智力、个性、特长、兴趣、爱好等方面都存在着更为显著的差异，如何应对这一挑战？我认为“扬长教育”模式的实施是高中教学的必选良策。

“扬长教育”是针对应试教育提出来的另一种教育理念，是由“长善救失”、“因材施教”的教育原理生发构想而出，同时是根据学生身心特点和成长规律提出。现代教育实质是一种个性教育，“扬长教育”从“道人之长，越道越长”的教育原理出发，发现并挖掘学生身上的积极因素和独特优势，通过“期待、激励、训练”，使隐藏在学生身上的潜能随时处于一种喷发状态（即创新状态），并将在此基础上形成的良好心态逐渐迁移到其他方向，即扬长促全、扬长创新。

我校作为一所国家级示范性高中，如何在新的历史时期，抓住机遇，深化改革；随着学校硬件建设初具规模，办学规模迅速扩大，如何加强“软件”建设，促进学校和谐发展，充分发挥其示范辐射作用，已成为学校发展过程中面临的重大问题。为此，学校以龙岗区和谐教育战略为契机，在总结13年办学经验，继承我国优秀文化传统，把握现代教育理论，结合新的时代特征的基础上，依据“让每一个学生都体验成功”的办学理念，制定了学校的总体发展目标、教师发展目标、学生发展目标，并围绕这些目标较系统地提出了“扬长教育”模式，培养全面和谐发展、可持续发展的人才。但如何将办学思想、办学理念、发展目标内化为教师的自觉行动，认真落实到具体的教育教学活动中去，尚需深入研究，由此，布吉高级中学继承优良传统，因材施教、因人制宜地推出以“扬长教育”为核心的人才培养模式。“扬长教育”主旨是促使学生个性张扬和专长发展，实现“特色学习，个性发展”，让学生在体验成功中快乐学习、快乐成长。

二、“扬长教育”内涵

我们认为“扬长教育”模式是指学校教育从学制到课程结构，从教学内容到教学方法，从评价到督导构建一种全新的教育教学模式，为激发学生潜能、张扬学生个性创造条件，从而使具有不同个性品质和潜能的学生都能成为既有现代科学素养，又富实践精神，兼备现代人文品质的新型建设人才。

我们认为“扬长教育”模式就是一种以人为本、和谐发展、科学发展，为未来培养具有创造潜力的可持续发展人才的教育模式，为学生将来的不断成功奠定良好的基础。这一模式可以推动我校和谐发展，可以实现我校的办学理念，即：“让每一个学生都体验成功”。

“扬长教育”提倡给每个学生一个展示自我的空间，就是让学生体验成功，让每个家庭体验成功，这就是和谐教育。在当前浮躁的社会环境下，我们教育工作者帮助一个孩子，就是帮助一个家庭，这是在做善事、做好事，对得起一个教育工作者的良知。

为了践行“让每一个学生都体验成功”的办学理念，在和谐教育思想的引领下，布吉高中推出了以“扬长教育”为核心的培养模式，促使学生个性张扬和专长发展，实现“特色学习，个性发展”，让学生在体验成功中快乐学习、快乐成长。

三、“扬长教育”的主要依据

1. 社会依据

邓小平同志关于“教育要面向现代化、面向世界、面向未来”的教育思想告诉我们：一方面，未来社会的发展不仅需要掌握尖端科技的高级人才，同时也需要大批素质优良的多种规格、多种层次的各级各类富有创造性的建设者和接班人；另一方面，未来社会需要的应该是一种能够积极主动适应社会、创造生活的人才，要求人是积极主动的自我发展者。

2. 理论依据

“扬长教育”以古代教育家孔子“因材施教”的教育思想和当代教育理论“多元智能理论”为依据，从“长善救失”这一教育原理出发，发现并挖掘学生身上的积极因素和独特优势，培养学生不同层次的发展，即扬长促全、扬长创新。

3. 个体发展依据

我们承认学生存在着巨大潜能，承认学生个体间的相对优势，承认学生的“长”是可以迁移的。

每个学生个体间都存在着相对优势，应该相信人各有长。有的人长处在心灵里，美不外现；有的人长处在外表，手脑并用；有的善于言辞，呼风唤雨；有的沉默不语，崇尚实干；调皮捣蛋的学生往往聪明灵活，有体育专长；文科不行的学生可能理科行，主科不好的学生可能副科好，各门成绩不好的学生劳动态度好，动手能力强，是小能人；各科都弱的学生可能对集体活动感兴趣，或乐于助人。只要引导得法，也是有长可扬的。而根据思维心理学的迁移原理，先前学习对后继学习会产生某种影响，因此，学生的“长”是可以迁移到其他方面的。

4. 素质教育的必然要求

我们认为，素质教育是合格 + 特长，对学生先不要求全责备，而应以鼓励为主，让学生的“长”更长。通过发展他们的特长或通过一个闪光点引发其全身闪光，会极大地调动他们的学习积极性，增强他们的自信心，使他们获得学习的主动性。这种积极的学习状态，可以提高教学质量，加快学生素质的提高，这样既让学生扬了长，又促进了他们全面发展，使合格与特长这两个目的都能达到。

5. 现实依据

（1）“扬长教育”的前提是学校管理的现代化。

我们以构建现代学校制度为目标，健全后勤服务体系、安全保障体系、德育支撑体系、教育教学质量监控体系，将管理的目光前移至每个年级、班级及每一位学生，强化了在校长负责下，各处室对年级工作的整体协调和专业指导，加大了各级组结合年级、班级实际创造性。贯彻、落实学校办学精神的力度，营造了民主、平等的氛围，和谐校生关系、师生关系。

（2）“扬长教育”的基础是师资队伍的优质化。

我们认为：想让学生“扬长”，教师要有所长；想让学生成功，必要让教师先成功。我们以师德教育为核心，以课堂教学为基点，以科学评价为激励，以教育科研为引领，以培训学习为促进，确立科学的评价制度，指导教师走专业化发展之路。在布高，每位教师都订有三年成长计划；以科组为单位的每周半日专题研讨制度得以刚性执行，每个教学单元之后的反思让教育者找到问题和方向；老师们以解决身边的教学难题为方向，自觉搞科研，学校 80% 的教师是国家、省市教育科研课题成员；近一年我们就选派 6 名教师到美国、英国等国进修，选派 126 人次到北京、上海等教育发达地区培训或交流，务实的培训让一批好的教学方法得以在布高成功嫁接。同时，通过落实青年教师培训准入机制和各处室与教师定期沟通机制，通过努力提升师徒结对时效性，广泛开展读书活动，青年教师在布吉高中得以迅速成长。

（3）“扬长教育”的核心是推进教学的有效化。

我们始终坚持把教学工作放在学校工作最重要的位置，坚持将高中新课改要求与学生实际紧密结合，克服教学唯分数论，面向每一位学生，直面教学对象差异性，有效提升教学有效性，让所有学生学有所获。在布高，学生们目标明确，每个学生都有一份在教师指导下定制的高中三年成长规划；分层教学、学案教学等教学模式在不同班级广泛推广，学生们学习动能得以有效激发，真正成为学习的主人。为满足学生发展需求，我们结合自身强大的师资水平、课程研发能力和多年积淀的科技、体艺专项优势，根据学生特长，广泛开展综合实践活动。短短三年，我们就开发了50多套综合实践教材，建立了21处综合实践活动基地，聘请了20余位校外专家。通过科学指导、学生自主探究，一批学生明确了未来发展的专业志向。在此基础上，对特长鲜明的学生进行专项辅导培训，促其走特长成才之路。

（4）“扬长教育”最重要的推手是德育工作的全员化。

校内，努力将教学和德育管理有效整合，以加强和谐班级建设为核心，通过落实校级学生助理培养机制，开展创建书香班级、共同制定班级愿景、班级公约、评选校园之星等活动，不断丰富德育内涵，激发学生自律意识和集体主义精神。校外，继续心系社区，与社区、家庭良性互动，构建“学校、社会、家庭”三位一体教育模式不断取得新突破。在布吉高中，家长委员会协助学校管理的运作模式已实现常态化、有序化、规范化，面向社区群众开展的送教活动得以不断深化，利用自身资源，为社区群众打造的社区教育服务中心也初具规模。社会的支持、家庭的配合为我们扎实推进扬长教育奠定了牢固的基础。

布吉高级中学十余年来飞速的发展得益于布高人始终坚持的“团结奋进、追求卓越”的学校精神，具体说来就是一种不满足于原有水平、永不停步的生生不息的追求，一种自强不息、艰苦奋斗、不怕困难、永不言败、开拓进取的精神。正是在这种精神引领下，我们运用“多元智能”理论，贯彻教育民主化和以人为本的思想，关注每个学生，尊重每个学生的个体差异，尽力为每个活生生的不同的生命个体提供良好的教育和公平发展的机会，使每个学生能够在布吉高级中学最大限度地发展个性和特长，在“扬长”中“让每一个学生都体验成功”。“扬长教育”，让学生们在各自的起点上，尽情发挥施展了自己的潜能，全面焕发了其学习的动能，让学生与学校实现了共同成长，这正是学校发展的源泉。

张扬个性，大力发展特色高中

一、深圳高中教育的现状与问题

伴随着特区成立30周年，深圳的教育也取得了长足的进步，呈现出一种良好的发展之势：20世纪80年代迅速改变教育落后的面貌，90年代实现由农村教育向城市教育的转变，21世纪初期建成“广东省第一个教育强市”，基本完成了为教育现代化奠基的历史任务。以升学率为例：在深圳，小学升初中的比率已达100%，初中升高中包括职高的比率高达95%，而高考的录取率也遥遥领先于广东其他地区，2010年深圳高考的本科上线率已达54.3%。可以说，深圳的教育早已面向大众，越来越多的人正在享受着优质教育带来的好处。

与此同时，在教育辉煌的背后，深圳教育也存在诸多问题，其中尤以高中教育问题众多，最引人关注。

1. 同质化现象严重

现在，我国高中办学趋同现象严重，学校“唯高考论”、“唯分数论”，教学模式单一，培养的学生千人一面，创新能力低下，人才结构单一，与国家发展的要求颇不匹配，与人的个性化发展需求更是大相径庭。而深圳的高中教育也未能摆脱“没个性，没特色”的局面，各校之间相互进行同质化竞争，造成重复建设，资源浪费严重。

2. 民办高中发育不良

深圳的民办学校占据着深圳教育的半壁江山，这些学校本应发挥自身办学机制灵活等优势，充分利用激励机制，办出自己的鲜明特色，但是，现实的民办高中不是走特色化办学，而是复制公办学校的办学模式，最终也没有走出办学模式单一化的宿命。

3. 普高与职高结构不合理

按照国家规定，普通高中与职业高中比例应该大体相当，但是在深圳，普高与职高比例严重失调，出现了“重普高、轻职高”的现象。仅以深圳某区为例，普通高中公办加民办多达9所，学生达1.3万，而职业高中公办学校仅一所，学生不足3000人。高中生只愿当白领，不愿当蓝领的不良倾向，不但与国家的政策要求格格不入，也与深圳对高素质技能人才巨大的需求不相符。

面对诸多积弊，要彻底改变全国上下盛行的以分数为唯一标准，而不是以学生兴趣和需要为出发点，把高中学校分成三六九等的现状；彻底改变不是以学生终身发展、全面发展为基点，而是仅仅把高中学校变为高考“补习班”的怪状，深圳高中教育有必要拿出先行一步的勇气，把“打造特色鲜明、优势明显的现代化、优质化高中”作为奋斗目标，走特色发展之路。

二、特色学校的本质与内涵

1. 特色的界定

特色，是指事物内部具备的独特品质，它是内在的、固有的，而不是外在的、人为创造的。这种特色需要人去发现、挖掘、提炼，并经过长时间的沉淀，最终形成一种稳定的鲜明特质。

2. 发展特色学校的理论依据

多元智能理论创始人、美国心理学家加德纳认为：每个人都有多种相对独立的智能，主要包括语言智能、数学逻辑智能、空间智能、音乐智能、身体运动智能、人际关系智能、自我认识智能、自然观察智能等。在人们身上，并不是所有的智能都能得到开发，各种智能的水平及其组合存在着一定的差异，因此，每个人都具有自己的特长和弱项。正因为如此，学校教育必须针对学生的不同特长，从课程、方法与评估等各方面入手，真正实现因材施教。高中阶段，是学生自我意识觉醒的关键时期，是学生智能发展的重要阶段。因此，在高中阶段完全有必要开展特色教育，大力发展特色高中是高中教育必然的选择。

3. 特色学校的内涵

所谓特色学校，就是在充分认识学校特点的基础上，挖掘学校个性，激活学校特质，经过强化与优化，最终形成富有个性和独特办学风貌的学校。特色学校具有独特性，这种独特性包含独特的办学思想、独特的办学内容、独特的办学策略。这些独特性渗透到学校的各个方面，形成一种“人无我有、人有我优、人优我精”的独特风格。这种独特性还具有整体效应，它将以点带面，以局部带整体，以核心带全局，最终使学校在全方位、各角度都能反映出这种独特性，形成综合的办学效应。

每一所学校都是一所潜在的特色学校，每一所学校都可能发展成为特色学校。成熟的特色学校应该是从本校实际出发，经过长期办学实践后，形成自己独特的办学风格。每所学校在经过长期办学以后，都会形成自己与众不同的历史积淀，在这种与众不同的历史积淀中一定会衍生出属于自己的深厚学校文化。所以特色办学的形成需要各种客观条件和机遇，更需要有其生长的良好土壤。

三、如何创建特色高中

创建特色高中，其核心是要体现“以人为中心”，突出人的发展；其关键是要注重学生个性培养；其重点在于学生兴趣的激发、潜能的开发、能力的培养、特长的施展；其表现在于：以学生的成长为中心，让每一位学生受到民主平等的对待，让其个性得到应有的尊重，能在同一片蓝天下体验成功。那么，该如何创建特色学校呢？

1. 特色高中的培养目标与特色发展

对一所寻求特色教育的学校来说，确定合适的培养目标非常重要，它是创建特色学校的第一步。每一个层次的学校都应有自己特定的培养目标，高中也不例外。长期以来，人们普遍认为，高中学校的培养目标就是两个输送：为高校输送人才，为社会输送合格的劳动者。这其实是非常狭隘的、短视的。高中学校应该有更为高远的境界和追求。但是，由于诸多因素的影响，学校与学校之间在师资、办学条件、生源等方面千差万别。因此，办学特色的确立，要结合本校实际选准“突破口”，必须充分考虑本校的地理位置、硬件条件、师资队伍、管理模式等现实条件和基础，同时还要顾及到社会和地域对人才的实际需求。

确定目标，有多种多样的路径。例如：重点中学可以侧重课程与课堂教学改革，或是注重教育模式和教学形式多样化的改革，或是强调德育工作、信息技术教育的改革、校园文化环境的建设；普通中学可以注重创造精神、实践能力、职业技能和生活技能培养、艺术教育的改革，或是侧重考试评价制度的改革，等等。职业高中可以从校企合作入手，直接从企业请高级技师为学生授课，培养企业需要的人才。

特色不等于培养特长，学校不应为了发展特色，盲目让所有学生去训练同一个项目，发展同一特长。让成千上万的学生在统一的“特色”上花费大量精力，有违学生身心发展规律。学生的个性是多样的，学校应在多样性的基础上重点发展一两个项目。在制定自己的特色方针之前，学校应该全面考察每个因素，从硬件包括学校设备到软件教师素质的基本构成，如教师的学历构成、教师自身研究特长，以及本校学生的素质。做到科学引导、合理发展，而不是好高骛远。

2. 提炼全新的办学理念

有特色的学校一定有自己鲜明的办学理念，它凝聚了这所学校的个性风格、文化品位和人才培养等方面的特色。学校要办出特色，必须要有“特色理论”来指导办学行为。只有这样，才能找准富有特色的主题，才能确保学校建设沿着正确的方向前进。全新的办学理念就是创建特色学校的行动指南。

校长是学校管理的决策者和组织者，一个学校的办学理念实际上是校长的教育思想、个性特征、价值取向的体现。这就要求校长具有较高的素质，如：渊博的文化知识、笃深的职业情感、完善的个性特征、独特的思维品质、成熟的办学思想、出众的管理才能、非凡的人格魅力等。因为校长的素质越高，越有创造性，就越容易形成鲜明的办学理念。

布吉高中生源相对薄弱，能一步一个脚印发展到今天，让我坚信布吉高中“让每一位学生体验成功”的办学思路是正确的，也给深圳拥有普通生源的大批高中一个启示：每个学校都可以根据自己的校情办出特色，“人无我有、人有我优”，让一般的学校不一般，普通的学校不普通。这样的特色高中适应了学生不同的能力层级、满足了家长的不同需求，照样可以赢得社会的认可。

3. 制定切实可行的发展规划

特色学校的形成不是一朝一夕的事，需要经过一个循序渐进、不断发展的过程。确立具有特色的目标后，要对发展战略进行规划设计，制定切实可行的发展规划。通常情况下，发展规划可分为以下三个阶段：

（1）基础建设阶段：重在规范办学的管理和硬件的建设，为学校进一步发展奠定人力和物质基础。

（2）形成特色阶段：以创建特色项目为目标，充分发挥自身优势项目并把特色项目转化为对全校多数学生的素质要求上。

（3）整合强化阶段：在巩固单项成果的基础上，由点到面，逐步扩展，分类推进，以特色项目带动其他工作，以其他工作促进特色项目优化，使局部特色发展为学校整体的个性风貌。

4. 建设富有特色的师资队伍

教师是学校的生命力和活力所在。校长的办学理念和学校的特色主题，都必须依靠一支与之相适应的教师队伍去实施。只有把校长的办学理念内化为每个教师的自觉行动，并持之以恒地努力实施，学校才能逐步形成鲜明的办学特色。创建特色学校没有一批富有教育教学特色的教师是难以实现的。

学校要形成特色，除对教师队伍建设要有整体水平把握和要求之外，还必须关注每一教师个体，努力培养一支各有所长的教师群体。为此，学校必须积极提供机会让教师发挥自己的专长，提供机会让教师展示自己所长，努力创造条件培养教师所长，在条件许可的情况下还要多渠道吸收和引进一些有特长的教师。同时要围绕学校的特色坚持不懈地加强教师继续教育，指导教师形成共同的教育价值观，达成共同的行动目标，培养他们成为学校特色资源的开发者。

在布吉高中，学校以师德教育为核心，以课堂教学为基点，以科学评价为激励，以教育科研为引领，以培训学习为促进，确立科学的评价制度，指导教师走专业化发展之路，已打造出一支力量雄厚的师资队伍。姜少梅、唐争艳老师获南粤优秀教师称号，16 位教师成为区优才培养对象，3 名教师成为区教坛新秀，63 位教师成为国家、省、市各类竞赛优秀指导教师；学校现有特级教师 1 人，高级教师及研究生学历以上教师达 93 人，省、市、区学科带头人和骨干教师占教师总数的 70% 以上，配有外籍教师 2 人，专职心理辅导教师和生活指导教师 18 人。

5. 在准确定位特色的基础上，积极将特色付诸实践

（1）尊重学生，从学生实际出发形成特色培养。

学校要面向全体学生，积极挖掘富有特长和特殊兴趣的同学，加以培养，实现他们的价值，最终实现多样化的培养模式。

廊坊十二中的成功之路值得我们思考，该校以素质教育统揽教育全局，以艺术、体育教育为龙头，走出了一条特色办学之路，促进了学生的全面发展。

但该校并没将“特色办学”简单地等同于“培养特长”，该校为办好特色教育，坚持走全面育人之路，特别重视文化氛围的建设，注重学生的全面发展。在十二中的校园内，到处可以见到学生自己设计的专栏。

廊坊十二中全面育人、特色育人，成立了田径队、少年女子足球队、健美操队、柔道队等，并招收了大量美术和音乐特长生。经过不懈地努力，该校特色教育取得了令人瞩目的成果。

（2）加强特色科研，引领学生个性发展。

从某种角度来讲，特色是自身所拥有的独特的与众不同的风格特征。所以，教育科研是引领中学形成自身特色的重要渠道之一，中学特色的形成就是一个进行教育科研的过程。学校是一个智慧的群体，每天教学生活过程中都会发生一定的精彩亮点，如果在教学过程中适时地开展各种科研活动，认真总结研究“每一个精彩亮点的产生”，就会避免走过多的弯路。当这些“精彩的亮点”积累到一定的度，学校的特色自然也就会凸显。

学校应建立相应的科研机制，从学校的制度建设到师生的人际关系；从课堂教学、课堂管理，到德育、校本课程开发等一系列教育问题、难点进行研究，积累下自己的研究成果，服务于学校的特色办学建设。

如为适应现代化教育的要求，我校明确了“科研兴教、科研兴校”的方向，并以此总揽整个教育科研工作。根据我校现有的教学资源状况和我校教育事业发展的需要，我校建立了在学校教科研工作委员会领导下，以教科室具体负责，各教研组长分工合作的教育科研管理制度；建立了以国家级课题研究为龙头，省、市、区、校级课题研究梯次分布、深入研究的教学研究网络；形成了以课堂有效教学为核心，内涵发展为重点，“让每一个学生都体验成功”为出发点的研究体系；开展了多层次、全方位、跨学科、社区与学校互动的研究活动。

6. 建立有效的办学机制

学校管理机制作为动力系统，将为学校特色的形成提供强大的支持力和推动力：创建特色学校，应强化学校管理，制定一整套为特色建设服务的规章制度，建立一套科学的导向机制和激励机制；同时，要结合学校特色创建目标，对学校现有的教育教学管理、教育科研、师资培训、班级管理、学生管理及教师考核评价等方面，进行相关的改革和调整，使管理机制与学校的特色目标和办学思路相匹配，努力提升特色学校创建的有效性。

问题与机遇并存，2010 年注定将成为深圳教育史上具有特殊意义的一年，总结深圳教育改革开放 30 年的经验，是为了站在新的高起点上，谋划深圳教育的未来。在第四个十年起航前，国家和深圳出台了一系列政策，我们要把握机遇，大力发展特色高中，加快我市高中优质、均衡和个性化的发展！

参考文献：

［1］《国家中长期教育改革和发展规划纲要》

［2］《珠江三角洲地区改革发展规划纲要》

［3］《深圳市综合配套改革总体方案》

［4］张爱华，王海鹏. 个性教育的扬长迁移原则［J］. 中国教育学刊，2003（6）.

立足管理，强化内涵，促进学校和谐发展、持续发展

“构建和谐社会是历史演进的必然，也是时代发展的要求。和谐社会建设需要和谐教育相配合，要保证教育内部的和谐，处理好各教育要素之间的关系。在建设和谐社会的过程中，要关注受教育者身心的和谐发展，

关注师生关系的和谐发展，关注人才培养目标与社会需要的和谐发展。”

现代学校制度是指学校以完善的学校法人制度为基础，以现代教育观念为指导，学校依法自主、民主管理，能够促进学生、教职工、学校、学校所在社区的协调和可持续发展的一套完整的制度体系。它不是学校内部不同制度规范的简单相加，而是一种制度体系。现代学校管理制度的核心是“保证管理者的自主管理权，教学者的自主教学权，学习者的自主学习权”，这就意味着现代学校管理制度需制定一些对管理者的“管”、教师的“教”和学生的“学”有益的制度。对管理者的“管"而言，在办学过程中，学校的管理者处于学校管理系统的核心、主导、决策地位，管理者的思想、行为和作风在学校中影响全局，进而转化为全局形象。作为学校的管理者虽然不是战略家，但必须要有高瞻远瞩的战略眼光。也就是说，思想上既要有与时俱进的意识，更要有敢于超前、敢为人先的独到意识，要有科学的发展观。而一个学校，在校长领导下，是否能够和谐持续发展，主要取决于学校的办学理念、办学思路和管理制度。办学理念决定着学校的办学目标和服务方向，办学思路则决定着学校发展的快慢、好坏，管理制度则决定着办学理念和办学思路是否能够成为现实。所以作为一所学校，总体的办学思路必须清楚明晰，管理制度必须合理完善，要做到科学规划，远景发展和近期目标相辅相成、相得益彰。

布吉高级中学从一个原镇办、不足300名学生、20多位教师的薄弱高中用12年的时间发展成为有60个教学班、300余名教师的龙岗区属副处级单位、省一级学校、国家级示范性普通高中，使学校和谐发展、持续发展、跨越式的发展，学校的管理、教育教学工作都受到社区群众的认可和赞扬，也得到群众的大力支持。到底是什么样的契机或办学方针，用如此短的时间把一所学校办得使领导满意、家长放心的呢？为什么能够使学校快速优质和谐持续发展呢？回顾学校的发展历程，在20多年的教学生涯中，学校总体办学思路是：以“现代化、优质化、个性化”为办学目标，以“让每一个学生都能体验成功”为办学宗旨，以“团结进取、追求卓越”的学校精神和“高效、优质、创新”的工作理念，使所有学生“学会学习、做人、发展、负责”，最后实现“可持续发展的学校”、“内涵式发展的学校”、“人民满意的学校”的终极目标。整个管理思路已经渗透到学校管理和教育教学工作的各个层面，以下从三个方面加以阐述。

一、施行“精细化”为目标的“走动式”管理

一个学校靠什么来发展？我一直这样认为：“关键是学校是否具有正确的办学思想和适当的管理方略；关键是教师的专业发展和学生的生命成长；关键是学校的文化引领和精神感召。作为一名教师可能更多地关注把书教好，把学生培养好，但作为学校领导必须从较高层面和更大范围来思考各种要素的再生和学校的长远发展，什么是学校的核心竞争力？核心竞争力就是指学校的发展力，主要是以学生的发展、教师的专业成长和学校的内涵发展作为价值指向的，归根结底还是内涵发展。学校要生存发展，靠什么？必须抓内涵。什么是“学校内涵发展”？我的理解主要是指理念、机制和人文环境。学校要以先进的办学理念引领航向，通过以人为本的激励机制，通过个性化的创新管理，形成自己的特色及优势，积淀厚实的校园文化底蕴，全面促进师生的共同发展及素质的不断提高，促进学校的可持续发展，使其保持强大的生命力。由此可见，抓内涵关键要转变观念，所以我们要全面改革管理体制，以改革创新促进内涵发展。由此提出了学校管理改革的主要思路——“精细化”为目标的“走动式”管理，坚持“以管理促质量，以管理促效益，以管理求发展”。

“魔鬼就隐藏在我们行为的细枝末节里”。这是对现代人最中肯的忠告。在各校你追我赶进“名校”，创品牌、创特色学校的队伍中，许多学校管理者就在思考：究竟是什么原因拉开了学校的档次？师资力量？教学质量？学生刻苦精神？教学设施？……不可否认，这些差异的确制约着一些学校进军名校、品牌特色学校，但对于学校已步入竞争机制的今天，这些差异越来越小。那么究竟是什么原因造成学校名气参差不齐的局面呢？学校管理的粗放型与精细化的区别正是导致学校之间差异的关键所在。

“精细化”管理是一种理念，一种文化。它是源于日本20世纪50年代的一种企业管理理念，它是社会分工的精细化、服务质量的精细化对现代管理提出的必然要求，是建立在常规管理的基础上，并将常规管理引向深入的基本思想和管理模式，最大限度地减少管理所占用的资源和降低管理成本。“精细化”管理就是落实管理责任，将管理责任具体化、明确化，它要求每一个管理者都要到位、尽职。

“走动式”管理是世界上流行的一种创新管理方式，它主要是指企业

主管深入生产一线，实行现场管理，体察民情，了解实情，与部属打成一片，共创业绩。许多世界知名公司的老板对“走动式”管理情有独钟，并在实践中创造了骄人业绩。

近年来，面对高中教育逐步大众化，面对中下层成绩学生逐步增多的实际，布吉高级中学以科学发展观为指导，借鉴企业管理的模式，面向全体学生，从学生实际出发，尝试实行“走动式”管理。在管理中以“精细化”为目标，提倡在“走动”中提升管理质量。

面对每个年级20个班的规模，学校实行年级分组平行管理，将各个处室干部作为年级责任人，推向管理第一线，确保行政干部有一半的时间用在年级的日常管理上，通过观察、倾听、现场办公，提高了年级管理的效能。班主任从早读到晚修、从教室到宿舍，克服时空限制全天候与学生零距离接触，加强交流和监督；后勤人员实行八小时巡视制，对水、电、设施设备、校园环境、门卫实施动态管理，发现问题，及时解决；值班教师检查教学和活动秩序，并及时处理偶发事件；生活指导老师负责学生宿舍的安全、卫生、纪律和就餐秩序，与学生同吃同住；学生干部负责巡视、检查两课两操及各种集会情况，每天公布；校长和值日领导实施随机巡查，特别是加强对“真空期”（即课间、午间、夜间、考间、放学时间及其他一切无人管理时段）的有效监管。

因为“走动式”管理，校长和中层干部直接深入一线，和群众打成一片，直接掌握教学的第一手资料，有利于管理者有的放矢地制定政策和管理制度。“走动式”管理大大扩展了管理时空，使管理无时不在，无处不在，真正做到了时时有人管，事事有人管，处处有人管。校长到各部门走走、看看、听听、问问，对教师的工作情况一清二楚，教师也必定不敢懈怠，以随时接受检查，工作效率大大提高。中层干部、教师、后勤人员之间的走动交流，加强了部门之间的了解和沟通，协调了各部门关系，提高了工作效率。“走动式”管理能随时发现事故隐患，防止意外事故的发生，有利于营造平安校园。这一管理模式，还有利于打破行政领导的官僚作风，避免管理者高高在上，错误判断，盲目决策。

总之，学校以人为本，实行岗位目标责任制，层层落实目标责任制，层层落实管理责任；权力层层有，任务个个担，责任人人负，将管理责任具体化、明确化、精细化；强化对各项工作的落实，大大提高了工作效益，使学校教育教学水平不断提高。

二、树立“以人为本”的大德育观

德育是我校办学的三大品牌之一。多年来，学校树立“以人为本，以德治校、以德育人”的办学理念，以方向明、质量高、有特色为办学思路，以“学会生活、学会做人、学会发展、学会负责”为办学目标，与时俱进，开拓创新，逐步形成以艺术、体育为主要内容的“全面加特长”的办学特色。

我始终认为：学校教育，应当是充满人情、人道和人性的教育。离开了情感，一切教育都无从谈起。第一，德育工作应当走进学生的情感世界，“走进学生心灵”，应当落实到对学生“爱”的教育中。德育的核心是“爱”的教育，缺乏对学生真诚的爱，再多的投入再多的教育都是没有成效的。

第二，德育工作不能脱离学生与现实的联系，必须深入实际，了解学生的构成，将学生和家庭、社会联系起来，作为一个统一的整体进行研究。

第三，在德育中要落实“科学发展观”，应以“促进人的发展”为终极目标，如果仅仅看到升学率，急功近利地发展教育，实际上是“异化”了教育，是“非人性化”的体现，应把学生当作一个整体，对学生一生的成长与发展负责。为了落实这些德育观念，我校把心理咨询室、校医室、保卫室、应急中心搬进了宿舍区，加大对内宿舍工作的管理力度；并且为许多后进生建立了心理档案，以便于班主任、心理老师和宿管老师一条龙管理，消除管理盲区。

另外，教学工作和德育工作是紧密相连的，教学工作是德育工作的载体，任课老师的工作态度会直接影响学生，教师应切实做到“学为人师，行为示范”，德育工作不仅仅是德育部门的事情，而是全校的事情，德育工作要实行精细化管理，要有预见性，要以人为本，全员育人。

“关心孩子身心健康、关注孩子快乐成长”，“让每一个孩子都体验成功”。这不仅是我们布吉高中的办学宗旨，更是每个社区，尤其是每个家长的共同心愿。而要达成这一美好愿望，光靠学校是远远不够的，必须学校、社区、家庭三位一体，协调组成和谐的教育网络，共同探索孩子们的内心世界，这样才有可能达到理想的整体教育效果。

送教进社区，服务社区家庭教育，是我校一贯的做法，在深圳全市引起广泛反响。

学校自1995年开办以来，一直非常重视同社区之间的交流与互动，在学校领导的高度重视和社区居民的大力支持下，送教进社区活动已取得了阶段性成果并成为该校德育的一大特色。目前，该项目已经成功申报为教育部全国教育科学“十一五”规划重点课题的子课题。

长期以来，南岭村给我校办学提供了许多无私的支持，与本校发展有着割舍不断的关系，我们非常珍惜每次和南岭村社区及家长之间的交流机会。学校提前一个月召开筹备会，精心挑选骨干教师，精心设置问题，把骨干教师分为学习问题咨询组等九个专题小组，要求全体送教人员认真备课，保证了活动的针对性、实效性。另外，我们还设计了家校长期联系计划。根据家庭需求和教师特点，社区许多家庭和教师建立了一帮一的互助组，为建立及时的、长期的帮带关系打下了基础。每次活动之前，还专门下发学校编印的针对家庭教育的校报专刊《家教指南》。

参加活动的学校领导、老师们与家长就家庭教育问题进行面对面的真情交流。咨询中，家长们提出了在教育孩子中遇到的各种困惑，老师们抱着诲人不倦的态度对家长提出的问题做了详细、深入的解答。家长对老师的解答十分满意，表示听了解答后茅塞顿开，解开了许多在教育孩子过程中困扰自己已久的问题，发出了“听君一席话，胜读十年书”的感慨。

布吉高中经过十五年的发展，走出了一条属于自己的特色之路。学校把“办人民满意学校”、回报社会、回报人民作为自己的办学目标和理念。学校不单为了高考而办学，而是更注重学生素质的提高、人格的健全、行为习惯的转变；注重提升周边社区文化品位，提高周边社区人员的文化素质，营造一片浓郁的“学校—社区—家庭”的文化氛围。学校从一个镇属中学发展到今天的广东省一级学校、国家级示范性普通高中，区直属重点高中。今天布高乘党的“十七大”精神的春风，抓住深圳城市化改革这一契机，充分利用自身的文化优势和社区的资源优势，把先进的文化和教育理念送进了社区，送给了家长，促进了和谐社会的发展。

送教进社区，学校与社区联手办学，已成为我校一张闪亮的名片。德育工作既有特色又有实效。

三、挖掘特长，实现“低进高出”

素质教育要求培养各类不同层次的人才，主张学生的全面发展。素质教育的核心是课堂，这就要求我们的教师要认真研究教学规律和学生的认知心理，以求不但让学生生动活泼、主动地获取知识，而且在掌握知识的过程中发展创造力。素质教育主张教育内容的丰富多彩和教育形式的生动活泼，因此，学校管理者要求教师科学施教、因材施教，要让学生在学习中完善人格、收获知识，都能体验成功的快乐。

“让每一个学生都体验成功”，这是我一直坚持的办学宗旨，为此学校确立了“面向全体学生”、“不能让一个学生掉队”的教学目标。我校高中生主要面对的是中考中低层次的生源，许多学生入学的愿望是能顺利毕业，考大学对他们来说简直是梦想。但学校要帮他们“圆梦”！为此学校将分层教学、培优补差环节纳入了每学期教育教学计划，做到“三明确”：明确对象生、明确弱项、明确帮扶目标，还专辟独立的培优补差课时。

“特”字教学打造“低进高出”，应该是布吉高级中学最得意的“力作”。几年来，我校因材施教创下的高考“神奇”令家长们深深折服。在2003年布吉镇创建“省教育强镇”评估会上，我校这一办学模式受到了与会专家的高度赞赏。

最让我校声名远扬的，是在“特”字上做文章，因材施教。学校尽量挖掘学生在美术、音乐、体育等方面的特长，成立了美术组等29个兴趣小组，对第二课堂活动实施“八定”方针：定计划、定教师、定课题、定经费、定时间、定地点、定学生、定奖励。如：生物组开展了《沙湾水质调查》，历史组开展了《南岭村发展之路调查》，美术组开展了《摄影技术及平面设计》，取得突出调研成果。近三年来，学校在区级以上各类学科竞赛中频频获奖，学生个人获区级以上奖300多项。

学校还成立了专门的特长培训班，鼓励特长学生参加高考，取得累累硕果；连续九届参加高考，届届取得喜人成绩，近几年就向中山大学、华南理工大学、合肥工大、上海戏院等全国知名大学输送艺术、体育类考生几百名。“特”字教育打造出了“低进高出”的“神奇”效果，令许多家长感奋惊讶，也引起了各高校广泛关注。我校继成为韶关大学、广州体院、华南师大在深实习科研基地之后，2002 年，又被全国知名美院——湖北美院定为广东省唯一考点。近几年，布吉高级中学多次荣获市、区教育先进单位称号，先后获市办学效益奖，区、镇高考贡献奖。多次获深圳市办学效益奖、高考特色奖。

在学校快速优质发展过程中，我不断地对规范管理的现代学校制度进行思考和探索，在今后很长的时间里，我将继续从以下七个方面构建现代学校制度建设，全面提升学校办学质量，打造学校品牌：一是以建立新管理模式为契机，全面更新管理观念；二是以校园管理为抓手，全面提高学生素养；三是以教师管理为核心，全面提升学校的内涵发展；四是以教学管理为关键，全面打造学校的品牌；五是以学生管理为主体，全面塑造学校的新形象；六是以后勤管理为保障，全面建立现代学校制度；七是以档案管理为辅助，全面引导实施管理规范意识。

一个品牌学校，需要多方位的因素支撑，如：先进的教育教学理念、优秀的教育环境和资源、优秀的教师队伍、全新的育人模式等。但这些支撑点必须加上规范的管理这一法宝作为灵魂，才能如虎添翼，功效显著。创名牌学校就要在“精”字上着手。怎么样才能“精”？规范是必由之路，内涵是本质体现。实际上，名牌学校就是规范 + 内涵 + 特色。

现在，我校的教育环境、教育资源都已初具规模，彰显了效益，规范管理、内涵发展都已进入了实施的程序，并且处于良性发展中，我们应努力再向前走一步，在工作做细的基础上，更要做深，在内涵发展上突出实效。我已清醒地意识到：全国基础教育课程改革，将是中国教育的一场新的变革。新课改，将使老牌名校和新学校都处于同一起跑线，谁现在走在新课改前列，谁就将捷足先登，谁就将是胜利者。我们要通过规范管理、创新管理、内涵发展，构建现代学校管理模式，把布吉高中这个品牌打造得熠熠生辉，并给人以沉甸甸的厚重感，真正实现布吉高中的和谐发展、持续发展。

扬长·自主·成长

学校是否能够实现可持续和谐发展，主要取决于学校的办学理念和管理制度。办学理念决定着学校的办学目标和方向，管理制度决定着办学理念是否能够成为现实。我们的学校基于校情、学情，确立了“扬长教育”办学理念和“让每一个学生都体验成功”的办学宗旨，面向全体师生，努力发掘潜能，让学生发挥特长、体验成功，努力实现教师、学生、学校的和谐发展，促进了师生、学校的共同成长，初步形成了学校的德育、科技、体艺三大办学特色。仅用15年时间，学校就实现了从一所村镇学校到广东省国家级示范性高中的跨越。

一、教师在成长

长期以来，广东省深圳市布吉高级中学高举“扬长教育”大旗，明确“让学生‘扬长’，教师必须有所长；让学生成功，必须要让教师先成功”的思想，以师德教育为核心，以课堂教学为基点，用科学评价激励教师，用教育科研引领教师，让教师走上专业化和谐发展之路。

学校制定了《教师专业发展三年规划》和《教师自我发展三年规划》，同时，教师根据自身实际情况，订立了个人成长计划，“潜心教学、争做名师”已成为教师们的共识。

学校长期推行“科研从教学中来，成果到教学中去”的科研促教计划，构建了以国家级课题和省、市级课题为主体的立体科研构架，每一位教师都根据自身特长，成为课题研究者，这促使他们用研究者的眼光看待自己的教育教学行为。

“培训学习就是最好的福利”，学校制订了《全员培训计划》和《骨干教师培养计划》，用制度保障各层次培训工作顺利进行。务实的培训让教师的教育视野得以拓展，一些好的教学方法在学校成功落地。同时，落实青年教师培训准入机制、各处室与教师定期沟通机制，广泛开展读书活动，使青年教师迅速成长。走专业发展道路、“争做最好的老师”，是每一个布高教师追求的目标。

近年来，学校根据高中课改要求，大胆尝试，不断推进有效教学改革，促进教师成长。在认真学习国家课程标准、充分掌握校情、学情基础上，推动课程标准校本化工作，每位教师都成为教材的筛选者、编辑者、使用者；广泛借鉴先进教改经验，逐步推广“同课异构”等教学专题活动，提高教师驾驭教材的能力，激发他们的创新精神，鼓励他们大胆进行课堂改革；开展“聚焦课堂”、“每日一课”等教学活动，并将其与年级调研、科组专题研讨相结合，使活动内涵日益深厚；充分重视教学经验的交流和成果的推广，加强专家指导，实现特色活动的常态化；在教师中广泛开展教学反思活动，提高发现问题、解决问题的实践能力；推动教师对学生学习现状的调研，帮助学生转变学习方式，提高课堂教学的有效性。

近年来，学校涌现出南粤优秀教师唐争艳、姜少梅，省骨干教师钟君等名师，还涌现出立足岗位的蔡金海、潘敬佳、周茹等特色老师，艾克热木江、刘俊杰、林振发等青年教师茁壮成长。笔者也成长为全国优秀校长、广东省名校长、广东省首批中小学校长工作室主持人。

二、让学生成为学习和生活的主人

高中阶段是学生学会独立思考、自立自强的关键时期。为此，布吉高中确立学生的主体地位，以生为本，努力改变居高临下的灌输式教育模式，以培养人格健全的新一代为己任，以展现学生特长、让学生充分体验成功为突破口，使学生在扬长中实现德智体美全面发展。

促进学生发展的首要任务是让学生爱学习、会学习。学校坚持把教学工作放在核心位置，致力于让学生在快乐中学习，且学有所获。教师在课堂上不仅讲知识，更强调学法；各学科利用学校良好的阅读资源和实验设备，广泛开展探究性教学和拓展性学习活动；学案教学在学校全面实施，学生根据学案设置的学习目标、学习内容和学法指导，先自己学，后老师教；推广“分层教学”和“分层作业”试验，为不同程度的学生设置不同的阶段性目标。在布吉高中，学生学习的主动性和积极性被充分调动，成为了学习的主人。

促进学生全面发展，只注重知识的学习是不够的，更要学会实践，在实践中培养能力。为满足学生发展需求，学校结合自身的师资水平、课程研发能力和多年积淀的科技、体艺专项优势，根据学生特长，广泛开展综合实践活动。短短3年，学校就开发了50多套综合实践教材，建立了21处综合实践活动基地，聘请了20余位校外专家，通过科学指导，使一批学生明确了未来发展的专业志向，促使其走上立足特长的成才之路。

学校促进学生和谐发展的总体目标，是让学生不仅会学习、善实践，还要锻造他们关注生活、热爱生活、学会生活、学会生存的本领。为此，学校努力促进学生的自主管理，不断培养学生的主人翁意识和管理能力，推动学生全面发展。

学校以生为本，立足班级，构建特色鲜明的班级文化和宿舍文化，以创建书香校园等大型活动为载体，构建全员育人文化。经过学生们的反复讨论，每个班级都形成了自己的共同愿景，学生们将自愿从家里带来的各类书籍摆满了书架，班级展板则贴满了同学们抒发理想和抱负的绘画、书法作品。一年一度的科技艺术节和体育节是学校两项最大的节庆活动，许多组织工作都交给了学生，“我的活动我做主”，在每一个细节中都能看到学生的身影。学生在活动中充分感受到组织工作的复杂和艰辛，也切实体会到责任感和自豪感。

三、学校走出特色发展之路

每个学校都可以根据自己的校情办出特色，由此，一般的学校变得不一般、普通的学校变得不普通。其中的关键之处，在于能否充分发挥师生特长，带动学校特色发展、和谐提升。我们铭记“让每一个学生都体验成功”的办学宗旨，为满足广大群众对高中教育的期望，做出了不懈努力。

学校的德育工作特色鲜明。学校胸怀社区，主动走出去服务家庭教育，与各社区保持定期沟通联系，在全市首创“送教进社区”模式，建立社区教育服务中心，收到了良好的效果。家长委员会协助学校管理的运作模式已实现常态化、有序化、规范化。社会的支持、家庭的配合，为我们扎实推进扬长教育奠定了牢固的基础。

学校的科技教育也形成了自己的特色。根据高中课改要求，学校强调理论知识学习与实践相结合，通过研究性学习活动，努力拓展学生的学习空间、思考空间、运用空间，扬科技教育之长，推动学生和谐发展。

为此，我们发挥教师专长，专门成立了教育科研组织机构，指导科技实践活动；注重专家引领作用，特意聘请了遥感技术专家、兰州大学博士生导师马鸿良教授常驻学校任辅导老师；根据学生需要，努力开发科技类校本教材；因地制宜，充分借助地域优势，组织学生赴红树林、南头古城、客家围屋等地调查研究；以一年一度的科技艺术节为载体，开展一系列丰富多彩的科普活动：举办科普知识抢答赛、科技报告会、科技征文等，激发学生学科学、用科学的兴趣。多层次、多角度、常规化、课程化的科技教育活动，营造了学校良好的科学氛围。近年来，学生在科技研究、机器人等项目中，多次获得国家级、市级竞赛的团体及个人一等奖。不久的将来，学校还将成立物理、化学、生物、机器人、海陆空三模、分子生物学微生物及组织培养六个探究实验室，同时尽可能地开发出新的课程资源活动基地。在体育、艺术教育方面，学校也创出了自己的特色，走出了自己的道路。

近年来，布吉高中的办学成绩广受社会各界好评。继成功创建广东省国家级示范性高中之后，学校又先后成为国家中西部校长培训基地、全国综合实践活动研究优秀实验学校、全国中华传统美德教育百佳示范学校、广东省现代技术教育实验学校等，学校各项工作得到全面升级和优化。

我们的目标是努力实现学校的整体、和谐、优质的发展。

“让每一个学生都体验成功”

——布吉高级中学办学理念诠释

办好教育最根本的前提是树立正确的教育思想，只有在正确的教育思想指导下，才会有正确的教育实践，教育才能走向成功。因此，如何形成和提炼学校的办学思想成为了学校所有工作的重要前提和基础。

在办学思想中，起指导作用、奠定理论基础的精神“内核”就是办学理念，它反映教育的本质要求，它是来源于办学实践又作用于办学实践的理性认识和价值追求。办学理念是学校的灵魂，是引领学校发展的旗帜。办学以来，每一个布高人都在思考这样一个问题：未来的国家需要什么样的人才？什么样的教育理念才符合特区教育、现代化教育？符合校情、学情？怀着这样的教育使命，全体布高人进行了全方位多元化的思考。经过深思熟虑反复论证，布高人终于确立了“让每一个学生都体验成功”的办学理念和“现代化、优质化、个性化”优质学校的办学目标。

“让每一个学生都体验成功”的本质含义是：根据时代精神和社会发展的需要，把培养学生全面、健康、可持续发展作为学校一切工作的出发点和归宿，使每个学生都能够在布吉高级中学最大限度地发展个性和特长，都能挖掘潜能发挥才智，享受到成功的喜悦。这一理念表明我们要有信心“创造”学生的未来，我们坚信只要勇于行动，只要是创造性的行动，每个学生都会有美好的未来。这一理念中的“体验成功”内涵深远，“体验”是指我们会为每一个学生搭建成长与发展的平台，“体验”重在过程；“成功”是指学生们在各自的起点上，尽情发挥自己的潜能，彰显青春与个性的风采；“体验成功”就是要让学生们在快乐中享受学习、享受生活、享受精神的愉悦，即：在三年的高中学习生活中找到自己的位置，为今后人生的发展奠定坚实的基础。

“让每一个学生都体验成功”就是以科学的发展观为统领，以提高教育教学质量为重点，以提高学生整体素质为最终目的，构建和谐校园文化，为师生的可持续发展奠定良好基础；以养成教育、中华传统美德教育、环境教育为重点，使学生“学会负责、学会学习、学会生活，学会发展”，把学校办成真正“服务学生、服务教师、服务家长、服务社区”社会满意的学校。

一、“让每一个学生都体验成功”的办学理念，具有以下三个特征

1. 符合科学发展观

现代教育是适合学生健康发展的教育。培养“全面发展的个人”，是马克思主义现代教育理论的基本特征。因此，学校教育不仅要为学生最大限度地发展个性特长提供条件和帮助，而且要为人的终身教育和培养社会需要的复合型人才打下坚实的基础。

2. 符合素质教育的要求

要让学生全方位多层次参与投入校内各种活动，使其由从属地位转变为主体地位，使其把潜在才能转化为现实才能。对学生的教育应是整个人的健全教育，应是整个社会的缩微教育。教育的终极目的是促进其自我教育能力的形成和发展，为适应社会和时代要求做全面的先期准备。

3. 以人为本的具体体现

它关注每个学生，尊重每个学生的个体差异，尽力为每个不同的而又活生生的个体提供良好的教育和公平发展的机会，它体现了教育民主化思想和以人为本的素质教育思想。

“让每一个学生都体验成功”的办学理念，要求我们学校的全部工作及其具体过程，都要立足于为学生全面健康发展服务，满足学生多层次多方面的发展需要；要求我们全体教职工和干部，必须充分尊重学生的主体地位，增进学生的主体精神，激发其主体发展的能动性和责任感。这是当代教育工作的基本职责，也是教育优质高效的基本条件。

二、“让每一个学生都体验成功”这一办学理念形成的依据

1. 我们办学理念的理论基础是“多元智能理论”

多元智能理论认为：人的智能是多元的，只有领域的不同，没有优劣之分，每个学生都有可以发展的潜力，只是表现的领域不同而已。

正是基于对这一现代教育理论的认识和理解，布吉高级中学面对市区中下层次的生源提出了“让每一个学生都体验成功”的办学理念，并成功

地运用到实际教育工作中去。

2. 我们办学理念的时代依据是素质教育

教育的本质是育人，是促进每个孩子有最合适的发展，有健全的人格，从而成为社会需要的人。孔子曾说过“有教无类”，就是主张不要放弃每一个学生，现在提倡的素质教育更是如此。素质教育要求培养各类不同层次的人才，主张学生的全面发展。素质教育还主张教育内容的丰富多彩和教育形式的生动活泼，要让学生在学习中完善人格、收获知识，都能体验成功的快乐。“让每一个学生都体验成功”正是对时代发展的正确回答。

3. 我们办学理念的现实基础是群众需要

就目前来看，高中教育已经成为建立社会主义和谐社会的民心工程之一，成为社会关注的焦点之一。普通老百姓对子女教育，特别是能享受优质高中教育有着空前的热情和较高的期望。我校地处深圳城乡结合部，是拥有 140 多万人口的布吉片区的唯一一所公办独立高级中学，承载着普通群众享受更多的优质教育资源的需求和希望。虽然布吉片区人员组成复杂，学生起点不高，但我们仍然以人民的需求为奋斗目标，以优质的教育教学水平回报社区人民的厚望！

“让每一个学生都体验成功”的办学核心理念，是根据我校办学实际提出的，表明我校办学行为和教育行为的“目的”和“宗旨”在于学生本身。我们将全部的出发点和归宿点放在学生身上，关注每个学生，尊重每个学生的个体差异，尽力为每个活生生的不同的生命个体提供良好的教育和公平发展的机会。它体现了教育民主化思想和以人为本的素质教育思想。这一理念表明我们有信心“创造”学生的未来，我们坚信只要勇于行动，只要是创造性的行动，每个学生都会有美好的未来。这一理念中的“体验成功”内涵深远，“体验”是指我们会为每一个学生搭建成长与发展的平台；“成功”是指学生们在各自的平台上，尽情发挥和施展自己的潜能，彰显青春与个性的风采；“体验成功”就是要让学生们在快乐中享受学习、享受生活、享受精神的愉悦，就是在三年的高中学习生活中找到自己的位置，为人生今后的发展奠定坚实的基础。

创办体育特色学校应走体教结合之路①

现代学校教育，从小学、中学到大学，形形色色，多种多样。各有各的任务，各有各的特色。何谓特色？特色就是指一个人或一个事物与众不同又有特别优异之处。何谓办学特色？办学特色就是一所学校的整体办学思路或在各项工作中所表现出来的积极的、与众不同的方面。我校的扬长教育“让每一个学生都体验成功”的办学宗旨引领体育特色发展：“体验运动乐趣，提升健康素养，促进和谐发展”。

一、加强领导、明确职责、保证体育工作质量

我校结合学生实际状况，进行了体育课分层次教学的探讨，其目的是以学生发展为本，充分发扬学生的主体精神，发挥学生的主动性，最大限度地挖掘学生的潜能，创设一种适应学生自身发展，努力达到“最近发展区”的个性化教学，目前已取得了一定成效，下面就来谈一谈具体做法。

1. 科学地制定教学目标

要做到总体目标统一，具体要求不同，即本节课中教材规定的“三基”——基础知识、基本技术、基本技能都应该掌握，但教材内容的深度和广度、教学速度、理解知识的层次、各种练习的设计、教师的指导与帮助则视实际情况而定。

2. 客观地把握学生层次

要做到深入了解学生，研究分析学生学情。由于学生是整个教学活动的主体，其能力、兴趣、动机、学习方式、接受教学信息的情况均有所不

① 本文作者为深圳市布吉高级中学谭夕阳。

同，更由于教学组织工作是动态的，组织形式的运用与教学内容、课的类型、场地器材、学生情况等诸多因素有着千丝万缕的联系，它可随着其内容的变化而变化。所以教师要随时随地注意层次的变化，因人因时制宜，调整教学方法与要求。不同的教材有不同的教学组织形式，同一教材也有不同的教学分组形式，同一教材新授课和复习课也是不同的，一节课中一个教材与两个教材也是不相同的。可先根据上学年体育成绩大致分层，然后将本期的各项测验成绩与上学年成绩比较，初步认定学生的层次，再根据平时对学生各项身体素质和运动能力的考察摸底，进行综合能力评判，最后以动态的视角来观察学生所处的层次。

3. 灵活地选择教学方法

要做到教学有法，但无定法，一般要求低起点、多层次。在课堂教学一开始，既尽量使教学系统进入相对平衡状态，又不断地打破平衡，充分调动各层次学生的学习积极性。

4. 有效地实施个别指导

要做到A、B、C三层学生都能在自己原有基础上得到提高，应注意三个结合：①集体与个别相结合，即整体问题集体讲，个别问题单独讲，决不占用学生极其宝贵的练习与交流时间；②讲解与自学相结合，即教师在讲清关键问题的基础上鼓励学生独立思考，分小组合作探讨或个人自由练习；③课内与课外相结合，即课内未得到纠正和巩固的，应力求在课外进行适当延伸或补充。

5. 全面地考核评定成绩

要做到综合评价，让每个学生都能充分发挥自己的特长，补其所短，激励进步，使后进生看到自己的闪光点，体验到成功的喜悦；中等生看到自己的发展前景，增强进一步努力的信心；优等生知道学无止境，明确今后发展的方向。考核与评价应该以健康第一为指导思想，以学生的学习态度和是否积极、锻炼是否认真刻苦等方面为主，激励学生积极进取，培养对体育的兴趣，养成良好的锻炼习惯。

二、规范体育教学行为，提升体育教学品位

我们在体育教学行为的把握上，遵循“科学、实用、有效、提高”的

原则，提高我校体育教学质量，主要做好如下两点工作。

1. 在体育课开设上不打折扣

在体育课开设上，学校严格执行新课程标准，该开三节、四节的绝不少开一节，哪怕其他教学任务再紧也绝不占用体育课教学时间。学校为了保证体育课教学时间，还建立了相应的监督机制，以此保证不挪用、不挤占体育课。

2. 在体育课教学环节上不马虎

在体育课教学上，我们除了要求教师制订实用的教学计划和活动方案外，还要求教师把教学效果放在首位。例如：我们提出了最基本的体育教学常规要求，即课堂教学目标明确，教学过程合理，教学内容全面，所设计或采用的教学方法要灵活多样，不显得枯燥无味，符合教育规律和学生身心发展特点，还要注意体育活动的安全；在体育课的教学中，既要达到增强学生体能，提高学生运动技能的目的，还要培养学生健全的心理素质。这就是我们对体育课教学最基本的常规要求，也是学校对教师教学考评的基本标准。

三、积极开展体育活动，形成学校体育活动特色

我校的体育活动常规化、特色化是学校系列教学活动中的一大亮点，我们对学生的要求是“全体参与，一专多能”，我们的希望是“丰富多彩，健体启智”，我们的目的是“家长满意，学生乐意，老师愿意”。因此，我们把系列体育活动的开展作为重头戏来抓，为了让这些活动更精彩，更有效，我们主要抓好以下三个方面的工作。

1. 活动常规化

我们在学期初就制订了活动方案和小组活动计划，积极推进阳光体育运动，并成立了相应的领导小组和活动课工作考评小组，并把考评情况纳入教师整体工作考评，与绩效工资挂钩。为了使活动常规化，我们选择了两个时间作为活动时间，即每天早晨的早锻炼活动，下午课外活动一小时（第八节课）。这些时间任何老师都不得占用，并且由值周教师检查、记载、评定等级。

2. 活动规范化

我们的体育活动内容可以用丰富多彩来形容，有篮球运动组、乒乓球

运动组、羽毛球运动组、田径组、健美操组，艺术体操组等，开设这些活动小组每天必须有活动方案和活动小结，学校对活动效果进行统一测评，每周进行一次活动情况通报。在开展活动时，根据老师的特长分别担任各小组的教练，要求指导老师活动时做到三到："手到"，传技能；"眼到"，保安全；"口到"，教经验。

3. 活动特色化

活动特色化，主要是根据学生性别、年龄、心理个性特征，对活动小组进行分类，让他们去参加自己感兴趣的活动小组，培养学生的创新精神。除内容各异的活动外，我们还注意提高学生的竞技体育精神，培养他们公平竞争、自强不息、永不言弃的体育思想。学校每学期开展的各种各类小型体育竞赛活动不少于2次，大型体育运动会不少于1次（同时，我们还要求学生每人至少掌握两项技能，并擅长一项）。校运会结束后，学校还要开表彰会，形成"崇尚体育，强身健体"的体育艺术氛围。正因为我们重视体育活动特色小组的创建，我校的田径、健美操、艺术体操才会在省市获奖。我校开展的一系列体育活动得到了社会的好评、家长的支持、上级的肯定，这也是我们学校体育活动的一大特色。

四、走联合办学之路，发挥各自优势

"体教结合"是新的历史条件下加强学校体育工作，推动素质教育、促进青少年课余训练，提高青少年的身体素质，为国家培养优秀体育后备人才的一项重要举措，是整合体育、教育等资源以实施人才培养战略的重要措施，体现了体育、教育事业最根本的培养目标。

教育与体育结合要以适合本校实际和学生爱好为切入点，在2010年11月我校就以本市体育传统优势项目田径为特色，取得省、市、区体育局、教育局的重视和支持，并与深圳市体工队和龙岗体校联合办学，以"资源共享、特色共建、责任共担、义务共尽、成果共用"为原则，普及高中生田径训练，发现和培养田径后备人才；与深圳市体工大队及龙岗区体校合作，成立高水平田径训练基地，培养高水平运动员。成功申报了省级体育传统优势项目（田径）学校。此后，学校以"规范、发展、特色、育人"为指导思想，以田径项目为龙头，坚持开展丰富多彩的体育活动。积极开展体育社团活动，注重学生运动爱好和专长的培养，鼓励有特长的学生以体育作为专业发展方向。近五年，学校为全国重点大学体育专业以及重点体育大学培养输送体育特长学生112名。

五、以点带面，促进学校体育全面发展

创建体育特色学校要面向全体学生，关注每一位学生的身体健康发展，切实做到让学生在校学习期间每天坚持体育锻炼，让学生在快乐的氛围中既锻炼了身体，又掌握了一种或多种运动技术技能。学校体育老师和市体工队教练从普及班训练中发现有潜力的学生，就与学校和家长联系将其选拔到学校田径集训队，培养田径特长生。近年来，我校有132人次达到国家二级运动员标准，二人达到国家一级运动员标准；卢冠峰、邹美君二人分别打破男子三级跳远和女子铅球深圳市高中组最高记录；陈为嘉、杨博赢同学今年2月代表广东省出战上海全国田径室内锦标赛，分别夺得青少年组男女子七项全能项目第一名和第二名的好成绩；多名学生被省市田径队作为种子选手重点培养，并在国内重大比赛中崭露头角。学校荣获广东省第九届中学生运动会突出贡献奖，成为备战广东省第十届中学生运动会布局学校。

要创建体育特色学校仅有单项体育项目是不够的，而要形成学校体育综合发展的新格局。使大课间、体育课和课外活动内容丰富、形式活泼、有普及、提高。其中课外体育活动、训练是对体育课堂教学的一种有效的补充形式。走向操场，走进阳光，坚持运动，健康成长。学校还组建了艺术体操和健美操运动队，大力发展科技体育。在本校体育老师的指导下利用课余时间长年进行训练。健美操、艺术体操作为校本选修课程，深受学生喜欢。我校健美操队连续两年在市健美操比赛中获得一等奖，校艺术体操队2009年参加深圳市第一次组办的艺术体操锦标赛获得团体第一名。2007年校足球队获得龙岗区第一，深圳市第四的好成绩。我校海陆空三模运动已课程化，学生参与面广，近三年获国家级奖项60多人次，其中7人获国家二级运动员称号，77人次获高考加20分的资格。我校是龙岗区首批“三模”基地学校，全国首批科技模型运动辅导站。

"扬长"思想指导下的高中艺术特色教育发展①

一、学校概况

我校始建于1995年，经过16年的发展，在学生文化水平偏低，招生分数远低于深圳市平均水平的情况下，已由原来的村办学校发展为3200人办学规模的特色鲜明的国家级示范高中，2011年，我校被誉为"深圳市龙岗区素质教育的典范"。

我们学校基于校情、学情，确立了"扬长教育"办学理念和"让每一个学生都体验成功"的办学宗旨，面向全体师生，努力发掘潜能，让学生发挥特长、体验成功，努力实现教师、学生、学校的和谐发展，促进了师生、学校的共同成长。

二、艺术特色教育在我校发展的必然性

1. 先进思想引领

我校领导充分认识到，成功是多方面的，高考成绩不应成为衡量学生成功的唯一标准。学校从每个学生的个性特点、认知特点和特殊教育需求出发，围绕"让每一个学生都体验成功"的办学宗旨，实施"扬长教育"。在艺术教育方面，重视发挥艺术教育在激发学生创造潜能、培养健全人格和提升生命质量方面的作用，促进学生和谐发展，体验成功。我们承认差异，扬长避短，相信人人都会展现出独特的才华，在此基础上，促使学生个性张扬和专长发展，从而形成了"特色学习，个性发展"，让学生在体

---

① 本文作者为深圳市布吉高级中学陈绪。

验成功中快乐学习、快乐成长的“扬长教育”模式。

在“扬长教育”思想的引领下，艺术教育逐步形成自身特色，快速发展。

2. 学校地域特点

布吉高中位于全国文明村南岭村内，毗邻大芬油画村、三联玉石村，周边拥有优质的艺术文化资源。南岭村、大芬村和三联村是深圳文博会的主要分会场，大芬油画艺术、南岭中丝园、客家文化园和三联玉石享誉国际，大芬村内有大芬美术馆、太阳山艺术中心和大芬土屋，为学校艺术特色教育提供了丰富且优质的资源。

3. 生源具备一定的艺术素养

我校限定招收龙岗区常住户口学生，生源主要来自附近片区，学生从小在艺术环境中成长，有的学生家庭本身就从事大芬艺术产业工作，或多或少具备一定的艺术素养。

4. 艺术素养的需求

（1）社会发展中的艺术需求。

我校学生虽然有一定的艺术认知能力，但是，艺术知识是片面的、零碎的，在对周边艺术环境和社会中的艺术感知过程中，迫切需要系统地学习艺术认识、欣赏、创作知识。

（2）个体成长中的艺术需求。

艺术教育有不同于科学教育与思想教育的特殊作用，它不是单纯的艺术知识传授与艺术技能培养，而一种提高学生智力和智慧，培养学生审美能力、创造能力、合作意识和个性，帮助学生初步形成正确的世界观、人生观、价值观的教育。艺术教育是其他任何教育无法替代的。

高中学生虽然较少接触社会，但仍然是社会人，能切实感受到社会科技的进步与发展，认识到接受艺术教育的重要性和必要性。

三、艺术特色教育的主要做法

1. 艺术素质教育的普及和推广

（1）艺术基地建设。

除临近社区资源外，艺术中心还大力建立艺术教育基地（南湾艺术、文化中心实践基地，文博会分会场创作主题壁画实践区，仙湖植物园、观澜湖、大鹏艺术实践基地，桂芳园社区艺术实践基地），建立艺术教育交流基地（教育界艺术交流基地、社区艺术交流基地、国际艺术交流基地），进一步拓展周边艺术教育资源，拓宽学生艺术学习视野。

组织学生前往聆听、学习艺术大师陈丹青、刘大为等艺术讲座 23 场，邀名家郭绍纲、严正等来校举办讲座 18 场，让学生亲临其境体验高雅艺术，学会“用审美的眼睛看世界”。

（2）艺术社团。

“艺术之星”评比引导学生热爱艺术，学生自主成立艺术社团，聘请指导教师，每周开展活动，吸引了众多学生参与。现有黑白空间、动漫、陶艺、摄影、书法、服装设计、设计基础、手工艺、舞蹈、街舞、魔术、合唱、民乐、打击乐等 14 个艺术社团，“黑白空间”获龙岗区“十佳社团”称号。

“音乐角”、“艺术长廊”为学生展示艺术才能提供永不落幕的舞台，艺术节成为学生展示和创造的盛大节日。

2. 艺术专业特长生培养

我校根据学生学情，引导学生发展艺术兴趣爱好，高一第一学期就开设艺术兴趣小组，第二学期起独立编班，建立独立的课程体系，促使学生专业和文化均衡发展。专业特长发展圆了大批原本升学无望学生的大学梦。

16 年来，共为高校输送 500 多名本科生和 700 多名专科生，学校实现了教学的低进高出，多次荣获深圳市高考特色奖和超越奖。

三、主要工作经验和成绩

1. 工作经验

（1）教师专业发展。

学校重视教师培训，钟君老师是省级骨干教师，他作为全市艺术教师代表，参加了美国蒙大拿大学访学交流，张钦联老师赴中央美院进修摄影，成为摄影教学难得的人才。教师自主开发艺术教育课程，为学生提供更多选择。编有《视觉艺术基础丛书》一套 8 本，《高中美术的探索与实践》、《刘劲松钢笔作品及技法》、《广东省美术高考联考试卷点评》等校本教材 14 本。

（2）体验式艺术教学。

“亲临其境”的体验式艺术教学方式，强调通过发现自然万物中蕴藏的美，进而发展自己广阔的心灵世界的美，达到对其自身人格的肯定，成为具有更高文化品位的人。

体验式艺术教学，大大激发了学生创造美的潜能。

（3）扬艺术之长，让学生体验成功。

学校鲜明的艺术教育特色理念和富有成效的教学实践吸引了众多学生，他们选择艺术作为自己未来发展的方向，积极培养兴趣，扬长发展，把素质优势转化为应试优势，既体验了学习的成功，又实现了心中的梦想。我校“扬长教育”理念广受学生、家长及社会各界的好评。

2. 创建成绩

近年来，学生获市级以上奖项 180 项，艺术教师获市级以上奖项 29 项，发表论文 57 篇，出版校本教材 14 本。舞蹈《青春号角》在全国校园春晚中获金奖；艺术体操和健美操社团多次在市、区比赛中夺冠。2005 年被评为深圳市中小学美术、书法特色学校，美术组 2003、2009 年分获市优秀科组、市中学美术示范教研组，学校多次获市高考特色奖，2010 年成为中央教科所艺术教育研究中心常务理事单位、示范基地，2011 年荣获深圳市艺术特色学校创建资格，也是龙岗唯一一所市级艺术特色创建资格学校。

“扬长教育”理念下科技特色教育的发展①

在“让每一个学生都体验成功”的办学宗旨和“扬长教育”的办学理念的指导下，我校师生开始了长达 16 年之久的科教探索之路，由一开始的点点星火转变为现今的燎原之势，并成为深圳市十所科技教育特色创建学

① 本文作者为深圳市布吉高级中学蔡金海。

校之一。

我校通过“考察、探究 、实验、设计、制作、竞技”的方式，把科技教育渗透到德、智、体等教育中，引导学生手脑并用，思行合一，提升科技素养，张扬个性特长，实现和谐发展。并形成“思行合一、提升素养、扬长发展、体验成功”鲜明的特色教育理念。

近三年来，学校共计投入1524万元，一方面加强了硬件条件的建设，增建了各种实验室、探究室，增置了科技教育训练器材和设备，给学生提供了较为前沿的科技学习平台；一方面加强了对各科教师的培训，尤其加强对新进教师的培训力度，提高教师的科学素养和技能。同时，学校通过学科渗透、创新课程、第二课堂以及各种科技社团活动的开展，加大科技教育的普及程度，提高了学生的科技素养和科技技能；每年组织学生参加各级各类科技竞赛活动，让学生在学习和竞赛的过程中体验成功的喜悦。

数年的沉淀，使得我校不仅荣获“全国百强特色校”、教育部基础教育课程改革“综合实践活动研究与实验”全国先进单位、“全国青少年科学教育师训计划优秀实验基地”和“2007—2010年度中国科协青少年创新人才培养项目优秀项目实验学校”等荣誉称号，并于2010年底获得深圳市首批科技教育特色学校创建资格，于2011年6月荣获深圳市中小学素质教育特色学校创建重点项目经费资助。

一、特色项目彰显科技教育成效

1. 科技探究实践

我校开展各种形式的科技探究活动，培养学生创新思维和探究能力。2004年创立了全国首个中学生遥感探究实验室，建立华为、东都汽车城、红树林、大万世居等21处校外科技实践基地，积极开展科技探究活动。

近三年，师生获各类创新大赛奖项170余人次，教师论文获奖72人次，师生合作出版专著2本，并获全国校本教材类一等奖，学校科技类课题71项，《创新思维》课程入选深圳市中小学继续教育课程。在2011年第26届全国青少年科技创新大赛科技实践活动中，我校《沉重的警示》、《解密深圳客家古建筑之谜》荣获二等奖，《迎大运、说习惯、话环境》获三等奖（该类竞赛广东省只有四项获奖）。

2. 海陆空三模运动

学校增建了三模实验探究室，海陆空三模运动已课程化，近三年获国家级奖项 60 人次，其中 7 人获国家二级运动员称号，77 人次获高考加 20 分的资格。我校是龙岗区三模基地学校，全国首批科技模型运动辅导站。

3. 机器人教育

我校大力发展机器人教育，是龙岗区首批机器人教育基地学校。在刚结束的第四届亚太区机器人锦标赛中，我校机器人社团获得了银、铜奖，设计的机器人凭借良好的结构设计获得“最佳结构设计奖”。近三年，我校在各级各类机器人比赛中共获奖项 62 人次，其中国际级奖项 3 人次，国家级奖项 5 人次。2010 年，我校主动开发科技教育资源，探索与企业、高校、科研机构合作模式，拓展创新人才培养渠道。如：学校与东莞博思数码电子科技有限公司合作，校企共建，推进了学校机器人教育的发展。

二、特色机制推动学校科技教育发展

1. 科技教育与德育有机结合

我校运用科技创新思维和手段开展德育工作，如：通过航拍生态环保图片，引导学生开展生态道德研究；利用校外科技实践基地，为德育实践提供广阔平台；开展“科技之星”评比，培养学生热爱科技的情感、态度和价值观。科技与德育的结合，促进学生科技素养和人文素养的同步提升。

2. “金字塔”型学生培养机制

我校科技教育面向全体学生，与信息技术、通用技术、研究性学习等学科结合，开展普及教育；通过科技社团活动，培养具有一定科技素养和表现力的学生群体，在此基础上培养一批具有创新精神和竞技能力的科技特长生，形成“金字塔”型人才结构。

3. 教师扬长培养机制

学校充分发挥教师专长，通过培训、引进、转型，采用专职和兼职相结合的方式，形成有效的教师专业发展培养机制，培养了一批优秀科技教师。

三、重点项目深化科技教育内涵

1. 特色实验室的建立

近三年，我校不仅仅对原有的实验室进行升级改造，而且还增建了一些新的实验室、探究室，为学生享受科技教育提供相应的场所。通用技术

实验室引入机器人技术和套装器材，利用实验室对学生开展科技通识教育，使课程立足于学生的直接经验和亲身经历，让学生在“做中学”，“学中做”，培养学生的科学思维和动手能力。增建了物理、化学、生物、机器人、海陆空三模、分子生物学微生物及组织培养六个探究实验室。

2. 重视理论研究，指导科技教育实践

“教育科研，科学为本，研究为主”，我校积极申报各级各类科研课题，到目前为止，已着手研究的科研课题43项，其中国家级课题6项，省级课题1项，龙岗区教育内涵发展研究课题36项。

3. 与高校、科研部门联合开展创新人才的培养

学校积极探索创新人才培养机制，主动开发科技教育资源，探索与企业、高校、科研机构合作模式，拓展创新人才培养渠道。学校与东莞博思数码电子科技有限公司合作，校企共建，推进学校科技特色的创建和创新人才的培养。

中学思想政治课教学如何实践以人为本教育理念①

改革开放以来，中学思想政治课教学改革始终在持续不断地进行，并取得了很大的成绩，但思想政治课教学的实效性和说服力依然不强。新课程改革中正式提出了“以人为本”的指导思想。在思想政治课教育中贯彻“以人为本”的理念，对于改善中学生思想政治教育的现状具有非常现实

---

① 本文作者为深圳市布吉高级中学黄少波。

的意义。

一、教育理念的人本视角

以人为本就是以人为中心，以人为根本，以人的生活条件来分析和解决与人相关的一切问题。它的实质就是要理解人、关心人、尊重人，以人的生存、安全、发展等需要为根本出发点和目的。树立以人为本的理念，是我们处理人类世界与自然界以及人类世界自身各种问题的基本要求。当我们将以人为本的理念引入教育领域，也就是从人本视角来审视教育理念时，它应是一种尊重学生的人格和潜能，把学生作为教育的出发点和归宿的理念。这种教育理念强调以人的发展特别是作为教育对象的具体的个人的和谐发展为根本。

在传统教育思想中，多数人认为“知识多就意味着人的水平高、能力强”，因此教师只关心对学生知识的传授和应试能力的培养，忽略了学生作为发展主体要全面发展所应有的基本素养，特别是在情感、态度、价值观方面的培养。这一教育理念表面上看是将知识的增长与人的发展相混淆，实质上是人性关怀的缺位，把知识当做是教育的目的，颠倒了知识与人的关系。虽然人的发展需要知识的支撑，但知识的增长并不等于人的发展。以人为本的教育理念恰恰是对这种教育观的扬弃。它的根本目的是为了人、塑造人。从人本视角来审视，就是教育必须改变只见学生不见“人”的状态。“学生是人”，学生只有成为自主的人，才会有主体性。在教育活动中，教师必须重视学生的主体性，尊重和唤醒学生的主体意识，倡导和发挥学生的主动性和创造性，让学生主动、自觉地接受教育，在反思和批判性理解基础上做出自己的选择以实现自我教育，并最终达到作为主体发展的目的。

二、以人为本教育理念在思想政治课教学中的实践

思想政治课教学作为学生思想政治教育体系中的主体部分，授之马克思主义中国化理论结晶，授之人生观、价值观及方法论，使受教育者懂得怎样做人、怎样做对社会有益的人。提高思想政治教学的实效性，并没有现成的公式照搬，没有固定的模式套用，不是让学生死记硬背一些概念原理就能达到的，更不是靠外界力量的强加就能实现的。要想取得思想政治课教学改革的突破性进展，就必须大胆冲破传统教学模式的禁锢，从根本

上树立以人为本的教育理念，在教学中努力实践以人为本的理念。

1. 深入研究学生

以人为本的出发点和落脚点是人，而这个“人”引申到教学中就是学生。只有把研究学生作为教育的出发点，才能体现受教育者的主体地位。因此，以人为本教育理念实践的第一要求是深入研究学生。当前，虽然多数学生思想比较民主、开放，对新思想、新事物也比较容易接受，但受到社会大气候的影响，实用主义、功利观念强烈，对思想政治课重视不够。在这种意识的指导下，他们的学习就不可能主动，当然对思想政治课的学习就不可能自觉。如果在思想政治课教学中忽略了存在于学生中的这些事实，那么，我们的思想政治课教学就会事倍功半，全面提高学生的综合素质就会成为一句空话。因此，要提高思想政治课教学的实效性，我们就要把以人为本的理念运用到教学中去，从研究学生、关心学生做起，以学生的实际思想状况作为教学的出发点，使学生深深体会到思想政治理论课教学对他们成才的重要性。只有重视对学生的研究，思想政治课教学才不会成为远离学生的高调，以人为本的教育理念才能贯彻下去。

2. 紧贴学生切身利益

在深入研究学生的基础上，思想政治课教学要贯彻理论联系实际的原则，按照以人为本的要求，把教学内容与学生的实际紧密联系在一起，始终把作为教育主体的学生的发展能力的培养摆在第一位，既要培养学生的思维能力，同时也要注重学生健康人格的培养。结合学生疑惑和关心的现实问题，并运用先进理论加以释疑和解决，才能提高学生理解问题、分析问题和解决问题的能力。例如：在讲“三个代表”重要思想时，要与培养学生的创新思维能力联系在一起；在讲社会主义劳动者的时候要与学生就业观念的转变联系在一起，培养学生正确就业观；在讲社会主义本质时，要与学生分析问题的能力联系起来，同时可以通过对社会主义本质的讲解，引导学生树立远大理想和正确的价值观，增强其对社会主义共同富裕目标实现的坚定信心。通过这样有机的联系，使学生深深体会到对思想政治课的学习其实并不是讲大道理、讲空话，而是能够解决自己由于对自身无法合理定位而导致疑惑的诸多问题，从而从内心里激发学生对思想政治课学习的兴趣，这样也就达到了培养具有综合素质人才的目的。可见，在思想政治课教学改革中彰显以人为本理念的价值，将学生切身利益与思想政治课教学联系在一起，思想政治课教学才能取得应有的成效。

3. 发扬民主的教学作风

对以人为本教育理念的实践，也就是教育上民主作风的体现。民主，人人向往。民主体现着对人的尊重，教学上的民主体现着对学生的尊重。教育民主化的基本原则就是以学生为本，承认学生与老师的平等关系，尊重、信任和理解学生，而不是把自己当做高于学生一等的人。在教学中只有以学生而不是老师为中心，学生作为教育主体的地位才能显示出来，学生才能认真接受老师的讲解。美国心理学家罗杰斯认为：成功的教学依赖于一种真诚的尊重和相互信任的师生关系，依赖于一种和谐安全的课堂气氛。因而，在教学中进行师生的平等交流是十分必要的。为此，在思想政治课教学中要搭建一个平等的平台，发扬以人为本的教学作风，使学生敞开心扉表达自己的个人主张和宣泄内心情感，从而使学生的个性得到自由的释放。例如：在马克思主义哲学的教学中，由于哲学是对智慧的追寻，它作为一种质疑的艺术，其根本特性是批判、反思和超越，在对现实问题的质疑中，如果教师能与学生展开平等的对话，将有利于培养学生多方面的哲学素养，如好奇、兴趣、善于发现问题等。教师通过平等的平台与学生互动，会使学生感受到自己得到了尊重，得到了关怀，师生间的交流也就变得更加自然和亲切。通过课堂中的平等的讨论和亲切的交流，针对学生的思想实际和关心的问题，运用理论，透彻讲解，以理服人，以情服人，从而使学生的思想认识进一步得到升华。把传统的“一言堂”变为平等的“群言堂”，把学生视为有人格的人、平等的人、自主的人和有潜力的人，相信每个学生通过自己的努力都会得到很大的发展。发扬以人为本的教学作风，以学生为本的教育理念才能真正得到实践，“一切为了学生”的口号才不至于流于空谈。

4. 改变传统评价方式

实践以人为本的教育理念，还要求教师要改变单一的知识评价方式，转向注重学生的能力评价，重视学生的情感、态度、价值观的评价，将单一的、静止的评价转变为多元的、发展性的评价。以人为本的教育理念要求教师要把学生当做有血有肉、有情感、有理性、有尊严、有发展潜能的生命体。因此，实施课堂评价时，教师不能单纯地看学生知识的接受和掌握程度，对学生的观点，不能单纯评价其正确与否，而要注意引导学生说明自己思考的过程，把过程和结果结合起来评价，看学生分析问题的能力如何，对知识的态度如何，对本节课的兴趣如何，并看其获得的知识程度和能力发展是否与情感、态度的投入相符合。教师在课堂上还要善于观察，看看课堂教学内容能否触及学生灵魂，让学生在思想政治课的教育过程中重新审视自我，并逐步形成正确的世界观、人生观、价值观等。例如：哲学与生活的内容涉及到学生的人生观、价值观、道德观等方面，对这门课的教学评价，不仅要看学生对基础知识的把握，更要看学生通过学习，理想、信念是否变得坚定，爱国主义情感是否得到深化等。评价方式的科学与否，直接关系到以学生为本教育理念的实现，是我们应当着力研究和精心选择的。

关于高效课堂的一些思考[①]

传统的教学受东方文化的影响，课堂教学偏重知识，偏重考试题目，偏重分数，影响了学生的全面、自主发展。我们做出“反思回应”，就是为了使我们的课堂更加“和谐”。毕竟绝对完美和谐的课堂是不存在的，其实和谐、有效地学习是课堂教学的一个基本追求，即有效促进学生发展，有效实践预期的学习效果。如何构建和谐、高效的课堂，我有以下几点体会。

一、角色上

和谐高效的课堂教学，强调的是师生交往中的“对话”，它是教师和

① 本文作者为深圳市布吉高级中学陈斌。

学生各自凭借自己的信息背景和知识经验，通过心灵的对接、意见的沟通、思维的碰撞，从而实现知识的共同拥有和个性的全面发展。教师要以学生为本，依学定教；学生可以用自己的心灵去领悟，用自己的观点去判断，用自己的语言去表达，课堂不再是格式化的知识王国，而是学生自主发展的舞台。

二、教学法上

课堂教学既要讲科学性，又要讲艺术性，使我们的课堂具有动感、情感、美感，才会使课堂产生感染力，才能使学生亲其师、信其道、入其门，达其成。我们常说，课堂教学虽然有“法”，但永无定“法”，这正是教师的个性发展之道，是教学科研的魅力所在。所以每个教师都应该培养出自己独特的教学风格，独一无二的，这是教师的魅力所在。

三、教学过程中

我认为，作为教师要用好你的眼睛，用好你的语言，用好你的身教。

1. 用好你的眼睛

即教师要善于驾驭课堂，要能够随时关注每位学生的学习状态。我们有不少教师总是埋怨学生在课堂上不与自己配合，殊不知，你的眼睛，老是盯着书本、教案、黑板，就是舍不得把目光投向学生，目中无人，学生如何会与你配合？久而久之，课堂上那种“你讲你的，我做我的，师生互不相干”的不和谐局面也就自然形成了，所以课堂上教师要时时刻刻注意与学生眼神的对接，透过心灵的窗户判断学生在想什么。是专心了，走神了，心领神会了，遇到尴尬了，情绪高涨了，还是若有所思……然后适时做出决策，调整教学内容、教学程序及课堂关注点。

2. 用好你的语言

教师的课堂语言是打动学生心弦，激发学生求知欲望，沟通师生情感，实现教书育人目标的重要工具，没有哪一位优秀的教师不是语言运用的高手，教师的课堂语言是有规律可循的。首先，要简明得体，词通意达，要让学生听得清，听得懂，不能把本来一句话就能讲透彻的问题，硬用三句话来表达，更不能含糊其词。其次，要条理分明，富有逻辑性，先讲什么，后讲什么，应围绕主题，融会贯通，而不能语无中心，前后矛盾，散乱无章。

3. 用好你的身教

提高教师的个人素质，如何使学生亲近你、喜欢你，教师的个人素质是关键。现在的学生“见识多，知识面广”，教师要在教育活动中始终处于不败之地，必须注意知识的及时更新。“腹有诗书气自华”，教师只有勤于学习，善于积累，才能够“博学多才”，永葆青春和活力，教师的非凡气质，博学多才自然会成为感染、教育学生的魅力所在。作为教师应该用良好的师德、高尚的情操去感化学生，用广博的知识、精湛的艺术去吸引学生，用饱满的热情和毫不吝惜的微笑去感染学生，用得体的着装和文明的举止去塑造学生。当然，我们每一位教师都不可能是全面的，但我们可以努力去完善每一个方面，哪怕就只有一个方面，我们都可以去充分发挥它的作用。

四、课后反思上

一节课上完之后，要及时思考这节课成功之处在哪儿，失误在哪儿，哪些地方力度不够，哪些地方浪费了时间又没取得好的效果；学生的眼神发亮的时候是什么时候，为什么会这样；学生埋下头去，只给你一个头顶是什么时候，为什么会这样……多问自己，多思考教学过程，为下一节课做好准备，必然会形成一个良性循环。

五、学习兴趣上

兴趣是最好的老师，兴趣也是提高效率的法宝。生物教学要提高效率和质量，首先必须激发学生学习生物的兴趣，点燃他们求知的火花，才能引发他们求知的欲望，调动起学习的积极性，使他们喜欢生物。在教学过程中，时时调动学生的积极思维，处处开启学生的心智，课课给学生以知识、方法及新颖感，营造一种浓厚的学习氛围，使学生在轻松、愉悦、和谐的气氛中自觉地地获取知识和养成能力，变“要我学”为“我要学”。

总之，我认为一堂高效的课，既要使学生真正学到知识，又要锻炼到了学生的能力，还能使学生在学习过程中轻松愉快，老师在这个过程中也学到了东西，互惠互利。这虽然是比较难达到的目标，但是只要我们愿意去探索，愿意去总结和交流，是绝对能做到的。

扬长教育理念指导下的高中数学分层教学[①]

我校是一所普通高中，学生的数学基础普遍较差，为了“让每一个学生都体验到成功”，并提高教学质量，学校根据“扬长教育”理念，已把不同层次的学生划分为实验班、普通班、艺术班。但在班级授课制的条件下，学生在学习中出现差异甚至于严重分化，这是必然的。为解决教学要求的整齐划一性和学生学习差异性的矛盾，使每一个学生在原来的基础上都有所提高，我在班级中实行了“扬长教育”理念下的“分层教学”，即：在尊重学生个体差异性的基础上，本着课堂教学要面向全体，并使人人都有所收获的原则与出发点，有目的地把整个班级的学生再“分层”，实行差异教学。

一、学生分层

要分层教学首先要了解学生情况，了解的方法很多，比如：在数学课堂上观察学生“不规矩的表现”：如：沉默的学生可能爱思考，爱动的学生可能空间想象能力较强，当然还可以通过课堂提问、学生作业、单元测验等方面了解学生学长。也可以在课余时间跟学生在一起，也就是在没人指导他们的时候，看他们在做些什么；还可以有意识地分析他们的学习成绩，与其他教师交流，向家长了解情况，问学生本人等多渠道了解。总之，教师要用“放大镜”观察学生身上的“数学学长”，建立学生“数学学长档案”，积极乐观地了解和发挥学生学长，为分层教学奠定基础。

依学生自愿，因能划类，依类分层。在教学中，根据学生的数学基

① 本文作者为深圳市布吉高级中学张媛。

础、学习能力、学习态度、学习成绩的差异和提高学习效率的要求，结合教材和学生的学习可接受性水平，再结合高中阶段学生的生理、心理特点及性格特征，按教学大纲所要达到的基本目标、中层目标、发展目标这三个层次的教学要求，可将学生依下、中、上按 2∶5∶3 的比例分为 A、B、C 三个层次：A 层是学习有困难的学生，即能在教师和 C 层同学的帮助下掌握课本内容，完成练习及部分简单习题；B 层是成绩中等的学生，即能掌握课本内容，独立完成练习，在教师的启发下完成习题，积极向 C 层同学请教；C 层是拔尖的优等生，即能掌握课本内容，独立完成习题，完成教师布置的复习参考题及补充题，可主动帮助和解答 B 层、A 层的难点，与 A 层学生结成学习伙伴。这种层次划分是呈动态变化的，每两个月根据学生学习情况变动重新划分，该升则升，该降则降，以利于调动学生的学习积极性。

二、教学分层

教学质量的高低取决于教师和学生，教学内容和教学方法诸因素的综合作用。教师传授知识以精讲为主。整个教学过程坚持以学生为主体的原则，注意激发学生的兴趣与参与意识，面向全体学生，使不同学生在不同层次上都有所提高。在实施的过程中，主要有以下几方面分层。

1. 教学目标分层

分清学生层次后，要以“面向全体，兼顾两头”为原则，以教学大纲、考试说明为依据，根据教材的知识结构和学生的认知能力，将知识、能力和思想方法融为一体，合理地制定各层次学生的教学目标，并将层次目标贯穿于教学的各个环节。例如：我在教“两角和与差的三角函数公式”时，要求 A 组学生牢记公式，能直接运用公式解决简单的三角函数问题，要求 B 组学生理解公式的推导，能熟练运用公式解决较综合的三角函数问题，要求 C 组学生会推导公式，能灵活运用公式解决较复杂的三角函数问题。

2. 课堂教学分层

施教分层次是课堂教学中最难操作的部分，也是分层教学中极为重要的一个环节。课堂讲授同一教材内容时，以相应的三个层次的教学程度施教，从最低点起步，分类指导，异步发展，教学分合有致，动静结合，分层设计练习，分层设计问题，分层布置作业，学生全员参加，各得其所。在安排课时的时候，必须以 B 层学生为基准，同时兼顾 A、C 两层，要注意调动他们参与教学活动的比率，不至于受冷落。一些深难的问题，课堂上可以不讲，课后再给 C 层学生讲。课堂教学要始终遵守循序渐进，由易到难，由简到繁，逐步上升的规律，要求不宜过高，层次落差不宜太大。要保证 C 层学生在听课时不等待，A 层学生能基本听懂，得到及时辅导，即 A 层“吃得了”，B 层“吃得好”，C 层“吃得饱”。从旧知识到新知识的过渡要尽量做到衔接无缝、自然，层次分明。

同时，对新知识的理解、知识点的应用和题型的变换等，每个层次的设计都要照顾各层次学生的思维能力。此外还要安排好教学节奏，做到精讲多练，消除“满堂灌”，消除拖泥带水的成分，把节省下来的时间让学生多练。在此基础上可适当补充些趣味数学，以便活跃课堂，努力做到全体学生动脑、动口、动手参与教学全过程。有一次讲解题目时，我故意用了一个不是很好的方法，讲完后我问学生有没有其他的方法，一个大胆的学生很快上黑板讲了另外一种方法，比我讲的简单，学生听完特别兴奋。接下来好几个同学都很踊跃地上去讲了他们自己认为好的方法，当然并不是每一个方法都特别好，针对每一个同学的讲解和层次，我都努力找出他们的亮点，不好的地方我都根据他们的基础给予了适当改进的建议，然后给予毫不吝啬的表扬。那节课虽然讲的内容不是特别多，但学生特别开心，每个人的脸上都洋溢着成功的喜悦。

3. 作业分层

我在设计练习题时一般分高、中、低三个档次或基础题与提高题，对不同层次的学生提出不同的要求。一般要求 C 层学生高中低档题必做，或基础题与提高题都做；要求 B 层学生低中档题必做，努力做高档题，或基础题必做，努力做提高题；要求 A 层学生低档题必做，努力做中档题，或只做基础题。我带的班上还实施了每日一题，即学生四个人为一组，每组轮流出一个题，第二天上课前学生自己花一点时间讲解。在学生讲解的过程中，我可以很好地发现学生的一些长处，比如有一个男生，他的数学成绩不是特别好，性格挺内向，平时也不会主动和老师沟通，有一次他上去讲解每日一题，那个题不算很难，他用了几种方法讲，而且还把解这个题时要注意的地方都总结出来了，他讲完之后，我带领全班同学给了他热烈的掌声，并大大地表扬他思维十分严密，有潜力把数学学得非常好。从此以后，这个学生在数学课上变得十分自信，有时候我还专门让他帮我上去讲解一些不太难的题目，其数学成绩也有了很大的进步。

4. 评价分层

评价是为了促进教学，促进学生的发展。因此，我们倡导形成性评价，以学生纵向自我评价为主。不但在课堂问答、作业练习中这样做，而且在考试命题时也分层次命题。比如：平时隔周一次的测验，我们采用不同难度的试卷进行测评，结果很多 A 层次的学生也可在他那个难度上得“优”，这就大大地鼓舞了他们，增强了他们学好数学的信心。对于艺术班的学生，我有时候会把要测试的题目提前给他们讲类似的题型，测试时学生就会体验到成功，这种虚拟的成功会让学生尝试到上课认真听讲的甜头。

以上就是我对“扬长教育”下高中数学分层教学的一点感悟和理解，在今后的教学中，我将继续努力推进和改进现在的教学方法，争取让不同基础学生的数学成绩都有尽可能大的进步，并让尽可能多的学生喜欢上数学。

扬学生所长，促和谐发展[①]

一个人只有做自己擅长的事情才会信心百倍，一个人只有做自己擅长的事情才能兴味十足，一个人只有做自己擅长的事情才有真正的发展。

我校早在创校之初便提出“让每一个学生都体验成功”的办学宗旨，可是，如何找到一个重要的抓手，布高上下一路探索，2009 年，马锐雄校长的“扬长教育”理念提出来了！这一理念依据的是孔子的“因材施教”

① 本文作者为深圳市布吉高级中学许楚城。

理论，是美国著名教育心理学家加德纳的“多元智能理论”，一个教育的行家里手以他睿智的眼光跳出教育看教育，回到了教育的本源，是学生之幸，学校之幸，也是龙岗教育之幸。它既符合龙岗区教育发展“十一五”规划中提出的“和谐教育”新目标，又是普通高中特色发展的康庄大道！

有了理念的指引，教师的教育教学便有了清晰的方向，当我们面对基础薄弱的学生正陷于无奈时，“扬长教育”无异于黑暗中投来的一缕亮光！基于这样的理念，学校特色日益彰显；得益于“扬长教育”，高考成绩持续惊艳；贯彻这一理念，布吉高中成为龙岗区素质教育的典范！作为一名普通的一线教师，我深切感受到，扬学生所长是促进其和谐发展的重要法宝。

然而，学生长在何处，如何“扬长”？这是一个路障。考察每一个学生的特点，发现他们的兴趣与偏好，这是为人师者必须掌握的相术。

谢松华（化名），长得五大三粗，生活习惯不好，做事粗枝大叶，成绩又差，很多同学都不喜欢他。但是他智商不低，力气又大，对“三模”活动持有浓厚的兴趣。于是，我让他管理多媒体平台，制作班级网页，支持他参加学校的“三模”社团，甚至班上未及时倒掉的垃圾，大家看来不“体面”的体力活儿我都找他做了。同学们看在眼里，记在心上，慢慢地对他的态度有所转变，跟他打成了一片；后来谢松华参加全国三模竞赛拿了奖，加了分，考上了大学！

我想，“扬长”就是为每一个学生量身打造，让蕴藏在他内心的能量充分地发挥；一个人专注一件事未必能做好，但专注自己所好所长就必有成效。关键还在于，你要让他感觉到自己掌握的知识技能有用，在生活中能派上用场，一旦他尝到了成功的蜜糖，便能让这一次的成功，成为下次成功之母！谢松华的提升过程，我让他有被重视、重用的感觉，我支持他参加“三模”活动，又再次加强他被肯定的感受，动力系统点燃了，他便能朝着自己的人生方向奔跑。

是的，方向很重要，没有这个东西，人要多走弯路，甚至南辕北辙。与谢松华同寝室的唐梓杰（化名），高三面临专业抉择的时候一度显得很迷茫，选文科还是选艺术专业，举棋不定。我陪他一道分析问题，解剖麻雀，最终他自己确定了舞蹈专业方向。定下来后，梓杰发愤图强，早前迟到的陋习突然变成起早贪黑，几个人约定参加远在深圳大学的舞蹈培训班，经常练得四肢酸软，叫人心疼。

皇天不负有心人，高考放榜了，他上的是深圳大学的舞蹈专业，这是多少学生翘首的象牙塔啊！如果当初他不发挥自身优势，缺少一点自信，接纳他的只能是第三批的院校。

唐梓杰不是从小练习舞蹈的，是到了高中才对舞蹈产生兴趣的，他经常感觉自己差人家一截，要付出比别人更多的努力，成就与否都是个未知数！如果这一路没有师长的鼓励，没有朋友相伴，可能在面临抉择的时候就会走向另一个方向：进入自己不喜欢的学校，学着自己不愉快的专业——我们总不能要求每个人都是多面手，在各项工作中充当“万金油”，那种专业一个方向，工作一个方向，到了工作岗位重新学习的状况应该改变了！换句话说，如果一个人不能学自己悦纳的东西，不能从事自己喜欢的工作，该有多累啊！

为了每个人都能乐学、乐业，做一个幸福的人，我们在学校教育阶段就应该适时引导孩子做好人生规划，只要路子对了，步伐慢点都没关系，坚持就能成就非凡！再说了，做自己喜欢的事，就容易实现自我和谐，朝向人我和谐、物我和谐的更高境界。

当然，在扬学生所长的同时，最不能忘的还是扬教师自身之长。如果常常将自身所短显露于人前，不仅难以树立教师威信，反而可能招致不良后果。教育需要设计，不经大脑的言行就可能会造成师源性问题。虽说认识你自己本不容易，但唯有知己长短，才能对学生适时适当地实施教育。

作为一个语文老师，我的体会是，用好我的文字，用心去聆听。我要求学生写日记，自己也写一写，把剖心的话敲成文字，投影给他们看，拉近了彼此的距离，无声的交流胜却有声的对话；学生不愉快了，聆听他的心声，不一定要你给出多么高明的指引，往往他只是需要一个倾诉的对象。

善歌者可以用音乐去感染，能舞者可以起舞蹈以同乐……在一个信息爆炸的背景下，教师不能凭借垄断知识而居高，在一个师生互动的课堂里，彼此的关系可以变得更融洽。教师具备了营造氛围的能力，才能在日益复杂的教育教学环境中进行有效引导。

“扬长”是手段，人的和谐发展是目标，倘若说教育像一颗种子，种瓜得瓜，种豆得豆，却未必能够春耕秋收，即使一时难见成效，我们也坚信“扬长教育”必能长出好苗，育成大树。因为它以人为本，符合教育规律。如果各种教育都能促使孩子的个性得到和谐发展，在这座欣欣向荣的大花园里，“扬长教育”必是一朵奇葩！

“扬长教育”让学生找到自信

——布高暑期科组长培训心得①

多年以来，我校以“扬长教育”为办学理念，在教育教学方面，均取得了骄人的成就。作为一名普通的美术教师，我在此谈谈自己对扬长教育理念的认识。

“扬长教育”包含着多层含意，我认为，其中应该含有“人皆有所长；人皆可上进”的意思。不管是怎样的学生，在他（她）身上，一定有其积极的一面，一定有其所长，这个“长”不一定是特别优于他人的“长”，它可能仅仅是一种隐形的潜力，或是一份不服输的斗志，或是对某些事具有一份特殊的信心，或是长期以来所形成的一种好的习惯，等等。

作为从事基础教育的教师，我们既要去发掘少数有天分学生身上的特长，更要努力去发现、赏识、鼓励每一个普通孩子身上哪怕是很微弱的闪光点，尽早让他们对自己的学习与生活有一份自信，进而让他们逐步明确自己的人生目标。

在2011年省术科联考成绩出来时，我校美术专业有一个学生的情况引起了老师们的注意，这是一个长相平常，说话做事都慢条斯理的女孩。平时，她的文化科成绩较弱（甚至是令人担忧的），专业成绩也不拔尖，但是，这一次，这个叫李超群的女孩，真的做到了“超群”，她竟然取得术科251分的好成绩，名列全校第一。不仅如此，在文化高考中，她亦取得了出乎意料的好成绩。现在，她已经是复旦大学的学生了。我第一次注意“李超群”是因为一幅漫画（这张画现在还夹在我的一本书里）。在高二上学期我的一节素描理论课上，我发现有两个女生坐得离我很近，其中一个

① 本文作者为深圳市布吉高级中学刘劲松。

不停地在速写纸上画着什么，快下课时，这个女生把她的画向我递过来，说“老师！送给你！”我接过来，见纸上是一幅漫画，画上的人戴着眼镜，手拿麦克风，翘起的嘴向外喷出一大串奇怪的符号和字母，很是生动，画的一角有“李超群”三个字。她画的是我。记得我当时对她说了“很有意思，谢谢你，这张画我收藏了”之类的话。当时，我感觉到，在这个看似普通的女孩身上，有着一份对“漫画”的强烈的爱好，以及由这一爱好所生出来的一份自信。后来，我还鼓励她把对漫画的兴趣延伸到对速写、素描和色彩的学习中去。现在看来，李超群对漫画的自信帮助她提高了专业学习的信心，她在专业上取得的优秀成绩又促进了她的文化成绩的快速提高。

从事基础教育的教师们，永远要将“帮助学生找到自信”这件事放到心头，只有这样，才能让我们的学生真正受益。

专辑二
“扬长教育”的共识与共鸣

□ 一次教育智慧的碰撞

——赴汕头成田高级中学交流学习有感

□《定风波》，同课异构竞风流

——成田高级中学交流有感

□ 一顿丰盛的精神大餐

□“异口异声”，“悲天悯物”

□ 重视教师专业化发展 提升学校办学品质

——马校长工作室系列活动学习体会

□ 他山之石，可以攻玉

——2011 年赴汕尾市林伟华中学学习体会

□“扬长课堂”：语文——苏轼词二首

□“扬长课堂”：英语——Unit4—Grammar

□“扬长课堂”：历史——戊戌变法

□“扬长课堂”：物理——动量守恒定律

2009年，马锐雄校长被广东省教育厅授予“广东省基础教育系统名校长”称号，2010年初被认定为首批广东省中小学校长工作室主持人，2011年被云南省教育厅聘为云南省鹤庆一中荣誉校长，2012年被深圳市教育局聘为市校长工作室专家指导小组成员。几年来，马校长积极传播“扬长教育”理念，坚持“立足实践、提炼经验、面向问题、真诚交流、全面互换、合作发展”，指导入室培训徒弟和挂职锻炼学员提升校长专业素养，促进各级各类学校共同发展。

一次教育智慧的碰撞

——赴汕头成田高级中学交流学习有感[①]

本次赴成田高级中学学习、交流确实收获颇丰，在名校长论坛上我收获了教学、德育、学校建设等方面独到的见解。或许对于我这样一个刚刚迈入人民教师队伍的年轻教师来说，那些关于学校建设方面的高屋建瓴的优秀理论和实践经验看上去并不是特别重要，但是我想，每一个老师都需要去了解一所学校的各个方面，这才能做到厚积薄发，在真正需要的时候，拿出平时的知识储备，更好地为自己的教育事业做出贡献。在成田高级中学以及松昌中学的参观学习过程中，我看到了学生的淳朴和踏实，也看到了教师的兢兢业业和任劳任怨，这些都是我的收获。回到学校后，我将此行的感受整理一番，并结合自己拍摄的照片做成了幻灯片，与任教班级的学生进行了交流，我希望通过我的讲述，可以让他们认识到自己和潮汕一带学生的差距和自己的优势所在，从而督促他们更好地学习。

然而，在众多的收获中，让我印象最深刻的莫过于语文学科同课异构的两节精彩的课堂。课堂上，我看到了不同教育智慧对于同一篇经典篇目的不同解读，老师们精心的构思，学生们精彩的配合让我感受到一堂课可以从不同的层面去解读和教授。俗话说，有一千个读者就有一千个哈姆雷特，这是因各人理解不同，在心目中勾勒的哈姆雷特的形象就不同。那么，课本和剧本一样，语文老师也完全可以根据自己对文本的理解来授课。从古至今，大凡称得上教育家、学问家的，不管是开馆授徒还是闭门治学，无一不是颇具鲜明个性特色的。今天的语文老师，也许不能与大师们相提并论，但他们肩负着教书育人的责任，一样可以有自己的特色。语

① 本文作者为深圳市布吉高级中学彭绍菊。

文新课标就提倡学生进行个性化学习、个性化感悟。学生如此，教师亦然。那么，教师用同一个课本，怎样才能教出与众不同的书呢?

两位老师以苏轼的《定风波·莫听穿林打叶声》为题，分别建构风格迥异的课堂。这首词是由北宋词人苏轼于公元1082年创作的，它通过野外途中偶遇风雨这一生活中的小事，于简朴中见深意，于寻常处生奇景，表现出旷达超脱的胸襟，寄寓着超凡超俗的人生理想。此词篇幅虽短，但意境深邃，内蕴丰富，颇值得玩味。此词诠释着作者的人生信念，展现着作者的精神追求。成田高级中学的教师的课堂风格是温婉柔和，像一泓清泉一样缓缓流淌进学生的心田，而我们学校的郁老师的课，则旁征博引，设计精巧，创意迭出，完满地达到了本堂课的教学目标。总之，两节课各有千秋，让我真正享受了一顿教育盛宴，自己也通过这两节课在备课与教学方面得到了很好的启发。

俗话说，“教有法而无定法”，在个性化教学过程中，语文教学应始终贯穿人文精神，只有以教师的人文精神主动去影响学生的意识，从而使受体方面发生预计要发生的变化，使其思想在设置好的情境中得到净化，意志得到强化，能力得到提高，素质得到全面发展，向完善的人不断趋近，直至达到完美，这才是语文教学的真谛，才会取得真正意义上的良好的教学效果。

《定风波》，同课异构竞风流

——成田高级中学交流有感[①]

初次来到成田高级中学，就被一张张真诚的抑或微笑的面孔所打动，无论是老师还是学生，对我们的到来都热情有加。在这里，作为一位布吉

① 本文作者为深圳市布吉高级中学戴芝兰。

高级中学的年轻老师，我有幸听到了两堂风格迥异且让我受益匪浅的语文公开课——一篇《定风波》，两种解读。这两堂公开课分别由成田高级中学王雅青老师和布吉高级中学郁原云老师讲解。

王雅青老师的教学过程简洁严谨，但不缺乏亮点。第一，她进入课堂简洁迅速，通过带领学生们背诵唐诗之旅中的经典诗篇来进入苏轼的《定风波》，并引导学生回忆之前学过的苏轼的作品。第二，王雅青老师强调学生对诗词的诵读，在课堂上多次引导学生诵读，而且诵读形式多样，有齐读、听录音范读、请同学单独朗诵，有特色的是师生的合作诵读，特别重读了诗中的两句话："谁怕？一蓑烟雨任平生"和"归去，也无风雨也无晴"，很新颖。第三，在重点鉴赏部分，王老师设计了以下几个问题：①这首词写了一件什么事情？②序中的故事在词作里是如何体现的？何以看出众人狼狈，余独不觉？③"也无风雨也无晴"是否符合自然界的逻辑规律，是什么没有差别呢？④苏轼写这首词，仅仅是因为半路上遇雨，雨过天晴，所以通过词来表现自然界的风雨变化吗？如果不是，他要表达什么？⑤词的作者最后说要归去，归往哪去？王老师通过这几个问题，引导学生体悟苏轼的旷达胸襟和乐观自信的精神风貌，并引导学生总结了此词的艺术手法。她对学生朗诵的指导，以及教学语言表述的准确、凝练给我留下了深刻印象。

郁原云老师的课堂教学声情并茂、旁征博引，又不缺乏逻辑推理，得到了听课老师的一致好评。郁原云老师从食指的《相信未来》进入旷世奇才苏轼的世界，她对《相信未来》的深情朗诵引来了学生的阵阵掌声。郁老师同样讲究学生对诗词的诵读，通过各种形式的诵读引导学生深入诗作《定风波》。郁老师设计了以下几个问题：小序的作用是什么？通过这个提问分出了小序中的两类人，一个是众人"皆狼狈"，一个是诗人自己"独不觉"；然后引导学生去词中寻找相应的部分，课文哪些地方体现了狼狈？为什么狼狈？郁老师抓住了"穿"、"打"和"料峭春风"几个字词来讲解；"余独不觉"，不觉在什么地方？郁老师又从词中描写苏轼的外在神态和内在精神的词句来启发学生；接着，她问学生，苏轼不怕的是山林中的雨吗？还是想告诉我们这另有其意？学生很快就明白这个"雨"是一语双关、以小见大。接下来是一个讨论环节，郁老师要学生用一个字概括整篇词的情感，同学们纷纷表达了自己的见解。郁老师从其中总结出了六个字

"冷、怕、轻、任、归、无"，并采用了逐渐升高的板书方式，在师生合作下把这六个字总结为一段不惧怕挫折的话，又进一步用一段视频展示了苏轼在黄州的生活，旁征博引了苏轼的诗让学生对苏轼的人格有了更深入的了解，最后让学生当堂背诵并引导学生积累不惧挫折的作文材料。郁老师与学生进行了有效的互动，同时郁老师对文本的熟悉程度和挖掘深度以及驾驭课堂的能力让我十分感佩。

王雅青老师重在利用所学知识层层深入，温故而知新；郁原云老师则是把旁征博引融入到教学的难、重点中去，不断挖掘课文本身的深度，拓展学生的思维又引领学生进行作文材料的积累。两堂精彩的《定风波》，使我开心颜，让我这位教师队伍中的"新兵"有所学习，有所领悟，有所受益。

一顿丰盛的精神大餐[①]

我作为新老师，无论是教学还是班级管理，都存在很多的缺点和不足，学习和交流对我来说，是一个很好的提高和锻炼自己的机会。2011 年 3 月 24 日，我有幸参加同成田高级中学的交流，我感到很荣幸，非常感谢学校给我提供这样一个机会。

在去往成田高级中学的途中，就有老师提醒说这一带对外来人不友好。初到潮南区，感觉这里和深圳的经济发展差距很大，和自己心理的预期还是有很大的差距，但到了成田高级中学，又给人面目一新的感觉，传统西方建筑结构与现代建筑相结合的优美学校，纯朴好学的学生，热情认真的老

① 本文作者为深圳市布吉高级中学闫艳宏。

师……在学校里走了一圈，心情感觉无比的舒服和畅快，每见到一个学生，很远就会和你点头打招呼，对于这样的学生，我很快就喜欢上了他们。

在成田高级中学，我参加了高一历史“同课异构”的交流活动，承担此次观摩课任务的是我校姜少梅老师和成田高级中学的陈冠玉老师。本次活动确定的课题是高中选修《戊戌变法》这一课。两位老师做了精心的准备，奉献了两节精彩的课。课后，她们与大家进一步分享了备课心得和课后反思。来自两个学校的近十位老师参加了听课评课，老师们对这两节课进行了认真细致的点评和交流，两位老师各有特色，姜老师课堂轻松幽默，信手拈来；陈老师课堂严谨认真，步步为营，让我学到了很多东西。

本次“同课异构”活动之所以能达到预期的教研效果，我认为得益于对活动的正确定位。这像是一次现场课的比赛，借班上课的老师感觉到困难更大，挑战更多，顾虑比较多。但两位老师都给我们上演了两节精彩的“表演秀”，让我受益匪浅。

一、不是擂台是平台

这样的课不是为了比较高低长短、谁优谁劣，而是两位老师自己教学设计理念、教学技能技巧的展示平台。教无定法，由于每位老师的特长和知识储备状况不同，面对的学生不同，教学情境不同，因此在教学中一定存在一些差异，但是差异不是差距，它是提供给我们一个深度思考和探讨的空间。

二、不是单赢是多赢

本次活动不仅两节课上得比较成功，而且老师们的评课也相当坦诚、精彩。承担公开课的两位老师的精心备课是一个自我成长的过程，与各自学校的老师们反复切磋是一个同伴互助、共同发展的过程，开课和评课又是所有参与老师都学习和反思的过程。因此，如果每个人有一个苹果，相互交换之后还是一个苹果；但是，如果每个人都有一种思想，在交流和碰撞之后会产生很多的新思想和新理念。当然，也可能产生很多的问题，但是，问题是进一步探讨的动力。因此，这样的活动，对于讲课的老师是“我钻研、请教了，我获得了”，对于听课的老师是“我参与、思考了，我获得了”。

三、关注学生情感，体现趣味性

1. 关注学生情感，体现在对学生学习兴趣的激发和培养上

激发和培养学生的学习兴趣是培养学生自主学习能力的重要要求，只有当学生对所学内容产生兴趣，学习才会有动力。老师设计课型时要注重创设情景，用身体语言、多媒体等手段激发学生的兴趣，促使学生积极主动地参与各项学习活动。此外，还要关注学生的生理、心理特征，譬如在课前放放歌曲，调动学生学习的积极性，让学生始终保持兴趣。

2. 关注学生情感，还体现在培养学生的自信、尊重和合作精神上

老师在教学过程中能较好地贯彻以积极评价为主的教育思想，用语言、手势、表情等方式鼓励学生主动学习。我相信学生如果始终在这种尊重、鼓励的氛围中学习，肯定不但能收获学习上的好成绩，还能塑造人格上的好品质。

四、关注教学内容，体现准确性

教学目标明确，重点难点处理得当，教学过程有序，教学环节层层递进，环环相扣，过渡自然，听说读写均能兼顾，全面发展学生的语言能力。同时，老师要充分利用各种教学资源，除了教材，还要充分联系生活实际，让语言学习回归到生活，为生活服务。可以创设一些日常生活的场景，运用本节课的一些指令，引导学生做相应的动作。

五、关注教学过程，体现学生的主体地位

在教学过程中，老师要贯彻以学生为中心的原则，尽可能地发挥学生的主体作用，让学生真正去感受知识，体验知识，积极参与，努力实践，在活动中学会用语言进行交流，感受成功。较好地体现从不懂到懂，从不会到会，从不熟练到熟练的过程；较好地实现学中用，用中学，学用结合，学以致用的教学目标。

教学中，老师要较好地关注各层次学生的发展，给绝大多数学生有一次以上的参与机会。这些参与机会对学生是十分必要和重要的。

听课交流之后，让我觉得就像饱尝了顿丰盛的精神大餐，值得我们去回味，去认真揣摩。同时，我切身感觉到在目前的大环境下，只有不断超

越自己，追赶先进，才不会被课改的浪潮所淘汰、淹没，才能让自己不断进步，不断补充新鲜的血液。我将会为此不懈努力！

“异口异声”，“悲天悯物”①

6月18日，我们在汕尾螺溪中学听了一堂语文课，课题是七年级的文言故事《狼》。主讲的胡姣梅老师个人素质较好，音色饱满，激情洋溢，学生准备非常充分，配合、互动都显得训练有素。学生学习习惯好，积极回答问题，勤做笔记，书声琅琅，教室里洋溢着朝气与活力。胡老师处理教材、驾驭课堂的能力较强，教学目标明确，思路清晰，衔接自如，环环相扣，顺利完成了教学任务。课堂知识容量大，用朗读贯穿始终，整理感知课文时语言精要，主旨突出。生字难字落实到位，古文词法、句法归纳点到为止，结合文本对狼与屠夫的性格分析很精练，最后问题的延伸性思考，涉及到学生的生存能力，渗透了情感、态度、价值观。这堂课是一堂很规范的语文课，符合新课标的教改理念，也符合语文教学的基本要求。

课后，我们与螺溪县语文教研员及螺溪中学的语文组老师进行了较深入的交流和探讨，真诚地沟通，坦诚地切磋，彼此都觉得收获很大。

在教材处理和课堂设计方面，我提出了几点思考与建议，希望在教授学生知识的同时，能够注重学生的能力的提升，培养学习的自主性，学习方法的有效性，培养创造性思维。具体问题与建议如下：

化“异口同声”为“异口异声”，培养创新思维。以人为本，以生为

① 本文作者为深圳市布吉高级中学吴细华。

本，尊重学生的个性化思考，让学生思维的火花在碰撞中迸发闪光。名著的特点是“常读常新”，老师应该鼓励学生说出自己的意见，能够接纳包容多元性答案，师生关系不是“一言堂”式的灌输，课堂流程不是事先预设的所有答案的演习操作。

化“悲天悯人”为“悲天悯物”，培养博爱的人文情怀。蒲松龄的《狼》一直被认为阴险狡猾，是坏人、恶势力的代表，而屠夫是沉着冷静智慧的化身，这里隐含着居高临下的“人”的优越感和自以为是的人类自尊心，但这是中国传统意义上的简单肤浅的是非善恶评判标准下的产物，缺少思辨性，缺少人文情怀。狼的凶险的生存处境，狼的执著，狼的坚韧，狼的智慧，狼的团队精神没有被学生认识，动物作为生命体的平等性没有被尊重，人与动物如何和谐共处的严峻的现实问题没有被关注，所以对文本的解读缺少现代生命意识，缺少一种有高度有使命感的生命关怀。

虽然课堂有许多值得改进的地方，但还是给了我们许多启发，如老师的敬业精神，教学的严谨，学生琅琅读书的好习惯，争先恐后发言的活跃，记笔记的详细认真，都让我们羡慕和感佩。

重视教师专业化发展 提升学校办学品质

——马校长工作室系列活动学习体会①

11 月 25 ~ 26 日，我荣幸地参加了马锐雄校长工作室到汕尾市林伟华中学的诊断活动，在参观、听课、听报告、讨论、交流等活动中，我获益

① 本文作者为深圳市布吉高级中学钟映莲。

匪浅。尤其是聆听了马校长《实现学校卓越发展的三大要素》的精彩报告，他提纲挈领，高屋建瓴，既有坚实的理论支撑，又有鲜明、典型的案例剖析的演讲，让我们分享到前瞻性办学理念，使我的心灵再次得到洗礼，思想进一步得到升华，其中，学校重视教师专业化发展方面令我感受颇深。

教师专业化，是实现学科专业发展和教育专业发展的过程。专业化成长与发展是一个持续不断的过程，是一个不断深化的过程。教师专业化是一种教师实际行为，不是一句空话。一支高素质、高水平的教师队伍是学校的立校资本，是学校不断提升的基本保障。所谓“手中有粮，心中不慌”，就是这个道理。我校在教师专业化发展方面已经走出了自己的路子，它是布高的一笔宝贵的财富。

一、教师提供一个“靶子”，确立自我发展规划

教师专业发展必须要有自我发展的明确意识，学校要求老师们制定出近三年的发展规划，先要分析自我，全面了解和认识自我，对自己的能力、兴趣、特长、需要等进行全方位的准确分析，清楚地认识到自己的长处与短处，诊断自己在教育教学方面的主要问题，找出问题发生的根源，找到自己最擅长的专业发展方向。

二、教师提供一面“镜子”，发现教育教学中的问题

教师必须针对自己的“教育问题”和“教学困惑”，寻求“自我超越”方法，他们必须要有一面“镜子”，发现教学中的问题，这“镜子”就是阅读。学校经常组织教师进行读书学习的系列活动，要求教师不断以书为镜，找出自己的差距。教师通过阅读，分享读书心得，加强了教师的课程意识、学生意识、问题意识等，学会审视自己的课堂教学，及时发现问题，然后寻求解决问题的途径，以提高课堂教学效果。

三、教师提供一双“慧眼”，学会观察和思考

教师如果只是一味地教学而不思考，就会陷入迷惘。教师要学会思考，对于课改中出现的各种问题，首先要树立“反思”意识，这已经成为我校教师的习惯。学校组织老师进行课堂观察，剖析课堂中出现的现象和

问题，以案例分析为主要形式，加强同伴之间的合作和交流，进行集体反思，在互相探讨的过程中找到“反思点”。如反思教学细节，寻找自己已有的经验和行为与新课程理念的差距，不断提高对新课程理念的认识和理解；反思不成功的教学案例，寻找教学设计与学生实际的差距，促使新课程理念向教学行为方式的转变等。

四、教师提供一根“绳子”，打造专业成长的团队

教师发展专业知识和能力并不全然依靠自己，教师之间乃至师生之间的交流与合作是灵感的重要来源，也是教师专业发展的重要保证。学校积极开展各级各类形式多样的教学交流和研讨活动，让教师之间相互学习，彼此分享经验。积极开展与教学实践相结合的校本培训，如：学校每学期举行教学基本功竞赛，骨干教师“示范课”、“同课异构”、“每日一课”、集体备课等活动，把理论的提升与教学实践有机结合。还组织了跨学科的听课活动，让不同学科的教师也相互学习和借鉴，在相关学科知识方面提供专业帮助等，以此作为团队成长的重要保障。

教师的专业化发展是时代的需要，是社会发展的需要。新时代的教师不再只是教书匠，我觉得作为一名普通的教师，虽然成不了“名家”、“大家”，但一定要尽力变自己为“行家”，可以坚守“平凡”，但不可以“平庸”，要向“优秀老师”靠近。一个教师能不能成为一名优秀教师，说到底还是投入的问题，这个投入就是敬业精神、责任感和专业素养，如果一个教师能置身于一个不断被激励、被感动的环境里，处于一个有强烈归属感的校园内，那他对教育的热爱，将会在实际工作中被激发起来。我校已创造这种环境，高度重视教师专业化发展，这是一项常抓不懈的中心工作，教师正在被激发起来，极大地提升了学校的办学品质。

他山之石，可以攻玉

——2011 年赴汕尾市林伟华中学学习体会[①]

2011 年 10 月 25 日，我很荣幸地跟随马锐雄校长工作室一行及来我校学习的西部校长培训班的 8 位校长，前往汕尾市林伟华中学进行学习、交流。

“他山之石，可以攻玉”，此次的活动，我主要是抱着好好学习的心态认真参与的。林伟华中学作为汕尾市重点高中，他们的高三教学及学校教育、管理各方面工作，一定有值得我们学习的地方。26 日上午，我听了一节高三政治课及高三历史课；下午，听了林伟华中学校长陈世炯先生谈学校的发展思路及马锐雄校长对林伟华中学学校发展做出的诊断性报告。这一切，让我受益匪浅，无论是高三教学，还是教育理念都有所收获，得到了教益。

林伟华中学高三年级马思恩老师讲了必修课《辛亥革命》一节复习课，这节课让我收获颇多。高三的复习课，马老师首先注意联系课标和考纲，有的放矢，针对性强。马老师还注重针对文科综合的考试特点，将知识前延后展，构建起纵向知识结构，让学生的视野更开阔。

整个课堂，马老师注意将基础知识的梳理与历史思维的培养相结合，对《中华民国临时约法》、辛亥革命的评价等重难点知识，能结合学生的阶段性特征和能力有效突破，设置的问题能一环套一环地激发学生的思维。

马老师这节课还特别注意学生历史观的养成，这也引发了我对平时教

① 本文作者为深圳市布吉高级中学万响菊。

学的反思，认真地思考在接下来的高三历史复习中如何更好地针对学生的基础和特点，实现教学和备考的有效性。不管我们的生源状况如何，明年6月的高考试题是统一的，不可能因为学生的起点不同而设置不同的考题，因此，今后的教学中我们更应该一面抓好基础知识的落实，一面抓好学生审题解题能力的培养，力争交一份让人满意的高考答卷！

这次汕尾之行中，马校长做了《实现学校卓越发展的三大要素》的精彩报告，更是让我有喝了心灵鸡汤的感觉！心，不由自主地就静了下来，脑子里对自己的教师角色也有了更多的思考。马校长说的实现学校卓越发展的三大要素之一——教师专业成长值得我们每个教师深入思考，并以此指导自己的成长！

作为一个教师，教书育人，确实需要优化自己的知识结构，要注重专业素养、科学素养、人文素养相结合；确实要提高自己的领导力；确实要成为问题的解决者；确实要和谐自主发展；确实要改变按惯性工作的习惯！而要认识到这些，首先要做的是养成终身学习的好习惯！一个人，只有不断地学习，才能不断地提高。不断地学习，才能发现自己过往的不足，才能更好地反思，才能在今后的岁月中做得更好！

活到老，学到老。这次的汕尾之行，我的收获是巨大的。回来之后，我要把这些收获应用在我的日常教育教学工作之中，并时时敦促自己不断学习、不断充实和提高自己，努力做得更好！

“扬长课堂”：语文——苏轼词二首[①]

教学目标	1. 培养诗词诵读的能力 2. 积累鉴赏诗词的方法 3. 探究作者的思想精神树立积极向上的人生价值观
教学重点	通过走进苏轼不一样的人生获得生活的感悟
教学难点	抓住关键字词鉴赏诗词
教学课时	一课时

教学步骤：

一、导入：食指的诗《相信未来》片段

苏轼这样一个旷世奇才，一生经历坎坷却活得那样潇洒，今天就让我们走进苏轼，了解他不一样的人生！

二、读文，感知

自由朗读，正音。生读，把握节奏，再生读。听读。师生读。

三、读文本，探主旨

（1）小序有何作用？——交代时间、地点、事件：途中遇雨，同行皆狼狈，余独不觉。

（2）读文本，分别找出“狼狈”，余“独不觉”的具体体现：

“狼狈”体现在——雨具先去，穿林打叶，料峭春风。

① 本文作者为深圳市布吉高级中学郁原云。

“独不觉”的外在体现——吟啸，徐行，竹杖芒鞋。

内在心理状态——莫听，何妨，轻，谁怕，任，回首，归去，无。

——不仅不觉，而且还无惧。

(3) 难道这首词中，作者仅仅是想写他无惧这自然界中的风雨吗？你有何感悟？

明确：借无惧自然界的风雨，表露自己无惧人生路上的风雨。

手法：以小见大，双关。

(4) 有感情地读。

四、读人生态度

如果把这首词浓缩为一个字，你觉得哪个字最能概括苏轼的人生态度。

(1) 思考讨论3分钟左右。

(2) 学生自由回答，老师点拨，板书。

明确：

冷——

①《自题金山画像》“心似已灰之木，身如不系之舟。问汝平生功业，黄州惠州儋州。”

②同年作品《寒食帖》视频。

明确：可以看出，面对打击、贬谪，苏轼也有过思想斗争，这才是有血有肉的苏轼。

怕——

《狱中寄子由》其一：

圣主如天万物春，小臣愚暗自亡身。
百年未满先偿债，十口无归更累人。
是处青山可埋骨，他年夜雨独伤神。
与君今世为兄弟，更结来生未了因。

在这首绝命诗中，我们读到的是苏轼浓浓的亲情与对朝廷的忠诚，没有对命运的恐惧，连死都不怕，还怕什么呢？

轻——

《超然台记》“余自钱塘移守胶西……处之期年，而貌加丰，发之白者，日以反黑。”

“无官一身轻。”

任——

《赤壁赋》“纵一苇之所如，凌万顷之茫然。浩浩乎如冯虚御风，而不知其所止；飘飘乎如遗世独立，羽化而登仙。”

归——

“小舟从此逝，江海寄余生”，是精神的归宿。与陶渊明的归田园不同，非“身”归，乃“心”归。

“此心安处，即是吾乡。”

无——

创新牌曰《无愁可解》其词中有句云：“生来不识愁味，问愁何处来？”

“吾上可陪玉皇大帝，下可陪卑田院乞儿，眼前见天下无一不好人。”

超然物外的情怀。

（3）试用一句话将这些词串起来，概述苏轼不一样的人生路。师生共同完成。

面对现实的冷酷，没有惧怕，反而轻视它们，任由人生的风风雨雨，始终让心灵找到精神的归宿，无所谓困境也无所谓逆境，相信未来，热爱生命，走出不一样的人生！

（4）背诵。

五、探究，感悟

现实生活中也有这样一些人，他们看似不幸却又走出了不一样的人生。比如——史铁生、萨布利亚·坦贝肯、力克胡哲……

六、结束语

人生总有低谷，若能用微笑去拥抱它，不因挫折烦心而泯灭童心，不因失落理想而不再梦想，把忍受变为享受，把痛苦当作财富，为心灵筑就一片自由的快乐天堂！

每个人都能走出不一样的人生！

“人生虽痛苦，却不悲观，因为它终抱着快乐的希望。”

——钱钟书《论快乐》

“扬长课堂”：英语——Unit 4—Grammar①

Step 1：Lead in

1. Long time no see. （we haven't seen each other for a long time）.

2. How have you been recently?

3. Have we met before?

4. I have known you for quite a long time.

5. Because you have always been in my heart.

6. I have dreamed of meeting you during the last ten days.

Step2：现在完成时态的格式

肯定式：主语＋ have / has＋过去分词＋其他。

否定式：主语＋ haven't / hasn't＋过去分词＋其他。

疑问式：Have / Has＋主语＋过去分词＋其他?

我刚刚吃了午餐。

I've just had lunch.

I haven't had lunch yet.

Have you had lunch?

她已经看过这部电影。

She has seen the film.

She hasn't seen the film yet.

Has she ever seen the film?

我从来没有见过这么漂亮的女孩。

I have never seen such a beautiful girl.

---

① 本文作者为深圳市布吉高级中学艾克热木江。

自 1962 年起，他一直住在北京。

He has lived in Beijing since 1962.

Step3：conclusion

现在完成时的基本用法

A. 表示过去发生的或已完成的动作对现在造成的影响或结果 。

B. 表示动作从过去一直延续到现在，并且能继续延续下去。如：

A. He has lived in Beijing since 1962.

B. I have never seen such a beautiful girl.

Step4：Exercise

Please put the words in correct order.

1. My/ homework/ already /done/ I have.
2. We /many /up to now/ have built /new schools.
3. the book /yet /have not read /I.
4. ever/ have /you/ France /been to?
5. such/ an interesting /have never/ I /seen /film.

1. I have already done my homework.
2. We have built many new schools up to now.
3. I haven't read the book yet.
4. Have you ever been to France?
5. I have never seen such an interesting film.

Step5：Translation

Find out the difference between the two passages.

我刚刚拜访了我以前的英语老师。自 2005 年以来，他一直教我们。他是一个很好的作家。到目前为止，他写了三本书。

I have just visited my English teacher. He has taught us since 2005. He is a very good writer. He has written 3 books so far.

我昨天拜访了我们以前的英语老师。2005～2008 年，他教过我们。他是一个很好的作家。去年他写过三本书。

I visited my former English teacher yesterday. He taught us from 2005 to 2008. He is a good writer. He wrote 3 books last year.

Step6: Role Play

Romeo and Juliet

J: Oh my dear Romeo, long time no see. Where have you been?

R: I ________ to Japan, darling.

J: what have you done in Japan? I have been worried about you.

R: I ________ (work) there during the past 8 years. Your parents said that if I had no money to buy a house and a car, I couldn't marry you.

J: ________ you ________ (earn) enough money?

R: Yes, I have, but...

J: But what? Darling.

R: Eh, eh. A strong earthquake happened in Japan, which ________ (ruin) everything. I ________ (lose) everything.

J: Romeo and Romeo my poor darling Romeo, what shall we do now?

R: I want to kill myself Juliet, I can't live without you because I ________ (love) you since you were 3 years old. Only you ________ (make) the world seem bright. Only you have made the darkness bright. Farewell Juliet! See you in heaven.（他自杀了）.

J: Romeo! Romeo! You die, I die.（她也想自杀，但想了一会儿）。Life is like a box of chocolates. I ________ not ________ (taste) all the chocolates yet. I am sorry darling. It will take me 80 years to see you in heaven. Since you love me, please wait!!!

Step7: homework

作业：基础写作

【写作内容】

我刚刚收到了我弟弟的来信。他在美国，他在那儿已经六个月了。他在一家很大的公司工作，并且已经去过美国的不少地方了。他刚刚买了一辆新车，现在去了加拿大。他以前从来没有去过加拿大。

【写作要求】

（1）只能用5个句子来表达全部内容。

（2）注意完成时态的用法。

“扬长课堂”：历史——戊戌变法[①]

【课程标准】

（1）了解戊戌变法产生的历史根源。

（2）简述康有为、梁启超等维新派人物的政治主张和百日维新的主要内容，分析其特点。

（3）知道戊戌变法失败的基本史实，探讨中国近代化道路的曲折性。

【考纲】 戊戌变法

【知识梳理】

一、背景

国际背景：发展资本主义

国内背景：

（1）社会基础：民族危机日益加深。

（2）经济基础：中国民族资本主义初步发展。

（3）阶级基础：民族资产阶级发展壮大，登上政治舞台。

（4）思想基础：资产阶级维新思想产生和发展。资产阶级维新思潮的兴起。

资产阶级维新人士的思想核心：回顾必修3		
维新代表	维新思想的核心	思想核心或特点
康有为	借经学、孔子，否定专制，传播西方政治学说，宣传变法的必要性	西学与传统儒学结合

① 本文作者为深圳市布吉高级中学姜少梅。

续表

维新代表	维新思想的核心	思想核心或特点
梁启超	民权思想：用进化论阐述君主立宪取代君主专制的必要性；变科举	倡民权
谭嗣同	以自由平等观念批判君主专制、宗法等级制、纲常礼教，倡导男女平等	冲决网罗、抨击旧制
严复	自由为体，民主为用；物竞天择，适者生存；变法才能救亡	借用社会进化论观点

二、康、梁维新变法的准备工作

（1）创办学堂，聚徒讲学：广州万木草堂、长沙时务学堂。

（2）创办报刊，传播维新：《中外纪闻》与《时务报》

（3）成立团体，组织力量：强学会和保国会

（4）展开论战，挑战顽固：①要不要变法；②要不要兴民权，实行君主立宪；③要不要提倡西学，改革教育制度。

（5）上书皇帝，恳请变法：公车上书（康有为联络1300多名举人给光绪帝上书的重大行动——“公书上书”）、《应诏统筹全局折》——维新派的施政纲领。

三、内容——百日新政

内容	颁布的新法	改革旧制	作用	局限性
政治方面	允许官民上书言事	改订律例；裁撤冗员；澄清吏治	有利于知识分子参与政权，精简机构，提高效率	没有涉及论战中君主立宪等政治主张
经济方面	中央设立矿务铁路局、农工商总局，奖励农工商业的发展；兴办商会、农会等民间团体；改革财政、编制预算决算	取消旗人由国家供养的特权，令其自谋生计	有利于资本主义发展，有利于增加财政收入	没有触动封建土地所有制

续表

内容	颁布的新法	改革旧制	作用	局限性
文化方面	京师设立大学堂；设立译书局，翻译外国书籍；准许创立报馆、学会；奖励科学著作和发明	改革科举制度，废除八股	有利于西方资产阶级文化和科学的传播；在社会上起了思想启蒙的作用；有利于培养维新人才	规模数量和政府投入严重不足
军事方面	精练陆军，改习洋操；添置兵轮，扩建海军	裁汰旧军	有利于加强军队战斗力，抵御外来侵略	加强对人民的统治

四、变法失败的原因与变法的历史意义

（1）变法失败的原因。

主观原因：①资产阶级维新派势力过于弱小（根本原因）；②缺乏坚强的组织领导，在理论指导上的局限性，实施变法上的策略失误。如全面出击、齐头并进的方针和急于求成的心态；③脱离广大人民群众，依靠无实权的皇帝；④对帝国主义抱有幻想；⑤企图用和平合法手段进行自上而下改革。

客观原因：①封建顽固势力过于强大；②资本主义进入垄断阶段，中国成为列强瓜分对象，国际环境不利。

（2）启示。

在当时的中国，改良主义道路走不通，中国近代化的进程漫长而又曲折。戊戌变法的失败告诉我们，改革是一个系统工程，不能操之过急。

（3）维新时期的遗产——变法的历史意义。

性质：是一次资产阶级性质的改良运动。

意义：①政治：是一场爱国救亡的政治运动，具有爱国性；②思想：是中国近代第一次思想解放运动，具有启蒙性；③经济：有利于中国资本主义的发展；④文化：有利于西方科技的传播，推动了近代文化（传媒）和教育事业（新式学堂）的发展；⑤习俗：摒弃陈规陋俗，提倡文明的生活方式，引领时代新风。

五、百日维新的特点

（1）方式是由皇帝主持进行的自上而下的改革。

（2）宗旨是要通过变法实现君主立宪，挽救民族危亡，发展资本主义，使国家走向独立富强。

（3）内容宽泛，涉及政治、经济、文教、军事诸多领域，但基本没有触及政治体制的改革，反映了资产阶级的妥协性。

（4）社会基础薄弱，变法局限于社会上层，没有深入广大群众，因而没有形成巨大的社会力量。

（5）结果因封建守旧势力的破坏而归于失败。

六、日本明治维新成功与中国戊戌变法失败原因对比表

项目	明治维新	戊戌变法
社会背景	人民的反抗；新兴地主、商人不满；统治阶级内部分化，幕府成为众矢之的。	（1）封建危机严重；（2）中外势力相互勾结，封建势力较强大。
领导力量	中下级武士、新兴地主等联合力量强大。	资产阶级把希望寄托在无实权的皇帝身上，不敢发动群众，顽固派力量强大。
具体措施	发布一系列除旧布新的改革措施，强制大力推行。	变法诏书如一纸空文，无法推行。
国际环境	西方列强入侵中国。	帝国主义掀起瓜分中国狂潮。
思想文化传统	知识分子容易吸收外国的新思想、新文化，西方学说普及早。	传统思想文化根深蒂固，比较难接受新鲜事物。

【高考回眸】

1.（2009 上海历史卷）“1895 年，适逢甲午惨败，日本逼签条约，在北京应试的康有为等人联络各省官员上书光绪帝，要求拒签条约，变法图强，史称公车上书。”文中错误的表述是：（　　）

A. 领导人　　B. 时间　　C. 参加者　　D. 地点

2.（2008 广东高考）某思想家在 1925 年提到世人对他的评价：“自戊

戌以来，旧则攻吾太新；新则攻吾太旧。”该思想家是：（　　）

A. 康有为　　B. 梁启超　　C. 严复　　D. 胡适

3.（2009 广东高考）梁启超说：“我国蚩蚩四亿之众，数千年受制于民贼政体之下，如盲鱼生长黑壑，不知天地间有□□二字。”省略的两字最可能是：（　　）

A. 君主　　B. 民权　　C. 西学　　D. 科学

【基础过关】

一、单项选择题

1.《马关条约》签订后，当时社会最高亢的呼声是：（　　）

A. 师夷长技以制夷　　B. 师夷长技以自强

C. 救亡图存　　D. 实业救国

2. 19 世纪末，维新思潮得以发展成为政治运动，关键：（　　）

A. 维新派发展资本主义的主张符合历史趋势

B. 维新派拥有广泛的阶级基础

C. 维新派把维新变法同救亡图存结合起来

D. 维新派争取到光绪帝的支持

3. 维新变法运动时期康有为主张“我朝变法，但采鉴日本”，是指要在政治上实行：（　　）

A. 君主专制　　B. 联邦制

C. 共和制　　D. 君主立宪制

4. 下列不属于戊戌变法的历史意义的是：（　　）

A. 形成了一批具备新意识的近代知识分子

B. 革新了中国政治制度

C. 激发了人们的爱国思想和民族意识

D. 起到了思想解放，开创时代新风的作用

5. 维新变法思潮的历史影响有：（　　）

①促进了人们的思想解放

②有利于中国文化的发展

③改变了封建专制制度

④使中国走上了资本主义道路

A. ①②　　　　　B. ②③　　　　　C. ③④　　　　　D. ①④

6. 下列关于中国维新思想的叙述，不正确的是：(　　)

A. 是一股进步爱国的民主思潮

B. 在中国具有广泛深厚的社会基础

C. 是中国知识分子向西方学习的产物

D. 是中国民族资本主义发展的必然产物

7. 戊戌变法将使大小官僚连带关系“因之失职失业者将及万人”，这是因为变法规定：(　　)

A. 提倡官民上书言事

B. 撤并政府机构，裁汰冗员

C. 废除八股取士

D. 改革财政，编制国家预算决算

8. 与早期维新派相比，康、梁维新派的特点在于：(　　)

A. 主张实行“君民共主”的政治制度

B. 对洋务运动有所批评

C. 出版书刊宣传维新思想

D. 开展了有一定群众基础的变法运动

9. 改革政治体制是戊戌变法的主题之一，百日维新期间，光绪帝发布诏令：(　　)

A. 裁撤部分中央机构　　　　　　B. 设立议院

C. 定宪法　　　　　　　　　　　D. 实行君主立宪

10. 百日维新中实施的新政因政变大部分被废除，仅保留了：(　　)

A. 奖励科技发明　　　　　　　　B. 允许官民上书言事

C. 京师大学堂和中小学堂　　　　D. 设议会

11. 从促进近代化历程的角度看，戊戌变法最深远的历史影响是：(　　)

A. 确立了维新思想的主导地位

B. 促进了民主共和思想的形成与发展

C. 开创了新的时代风气、社会舆论和思想观念

D. 有助于西方政治学说与儒家思想的结合

12. 百日维新失败的最重要客观原因是：(　　)

A. 袁世凯告密　　　　　　　　B. 光绪帝被囚禁

C. 顽固派的强大　　　　　　　D. 帝国主义的破坏

2007 年宁夏历史新课程卷：

材料一：康有为在受光绪皇帝召见时称："泰西讲求三百年而治，日本施行三十年而强，吾中国国土之大，人民之众，变法三年，可以自立，此后则蒸蒸日上，富强可驾万国。" ——摘自《戊戌变法》

材料二：戊戌变法期间，光绪皇帝共计发布变法诏令 184 条，包括政治、经济、文化教育等各个方面。对此，时任海关总税务司的赫德指出："他们把足够的东西不顾它的胃量和消化能力，在三个月之内，都填塞给它吃了。"康有为的《新学伪经考》和《孔子改制考》在思想上引发了极大震动，不仅顽固派坚决反对，而且不少维新派人物如唐才常、黄遵宪也难以接受，帝党领袖翁同龢也斥之为"说经家一野狐也"。因此，他的著作出版不久，即被光绪皇帝下令毁版。

——摘自《中华帝国对外关系史》等

材料三：戊戌变法，首在裁官。京师闲散衙门被裁者不下十余处，连带关系因之失职失业者将及万人，朝野震骇，颇有民不聊生之戚。

——摘自《梦蕉亭杂记》

回答：

1. 根据上述材料并结合所学知识，指出康有为希望"变法三年可以自立"的历史背景。

（1）西方和日本变革取得成功

（2）甲午战败，中国民族危机加深

（3）康有为等维新势力希望通过变法，独立自强，尽快摆脱被瓜分的命运

2. 戊戌变法的失败有多方面的原因。根据上述材料，分析维新派在变法中的失误之处。

（1）变法内容贪大求全，急于求成

（2）变法理论有偏激之处，内部意见分歧

（3）触动了既得利益者，树敌太多

3. 戊戌变法的突出历史功绩在于：（　　）

A. 挽救民族危亡

B. 推动政治改革

C. 发展社会经济

D. 促进思想启蒙

4. 1895 年，维新思想发展成为爱国救亡的政治运动，其标志是：(　　)

A. 《应诏统筹全局折》的呈递

B. 强学会的成立

C. 《中外纪闻》的创办

D. “公车上书”

5. 康有为向光绪帝呈递的《应诏统筹全局折》实际上是维新派的施政纲领，因为它：(　　)

A. 提出了比较具体的变法建议

B. 主张实行君主立宪的政治体制

C. 系统论证了维新变法的理论

D. 明确指出变法是实施救亡图存的唯一出路

6. 对维新变法运动评述不正确的是：(　　)

A. 是一次自上而下的资产阶级政治改革运动

B. 是具有广泛群众基础的救亡图存运动

C. 其根本目的是为了发展资本主义

D. 是中国近代史上第一次思想解放运动

【新题追踪】

郑观应《盛世危言》载：“昔同治初年，德相俾斯麦语人曰：“三十年后，日本其兴，中国其弱乎？日人之游欧洲者，讨论学业讲学管制，归而行之。中人之游欧洲者，询问船炮之利，某厂价格之廉，购而用之。”强弱之源，其在此乎？呜呼，今虽不幸而言中矣。”该材料主要说明的是：(　　)

A. 中日两国近代化进程基本上同时启动

B. 俾斯麦的话具有预见性

C. 制度变革在近代化进程中起决定作用

D. 日本明治维新取得了成功

“扬长课堂”：物理——动量守恒定律①

教学目标	知识与技能	推导动量守恒定律，判断一个系统动量是否守恒，并会应用动量守恒定律解决一维运动守恒的简单问题。
	过程与方法	通过数学逻辑推理、比较等方法，让学生理解并掌握一维动量守恒。同时也通过分析解决碰撞等物体相互作用的问题，培养学生的思维能力。
	情感、态度与价值观	知道动量守恒定律发现的重大意义，进一步增强科技服务于社会的意识。
教学重点	判断一个系统动量是否守恒、运用动量守恒定律解题的一般步骤。	
教学难点	判断一个系统动量是否守恒以及对动量守恒定律的理解。	

【教学过程】

一、回顾

（1）动量的定义。

（2）动量定理的内容与表达式。

（3）牛顿第三定律的内容与表达式。

二、新课

系统、内力、外力

系统：相互作用的物体组成系统。

① 本文作者为深圳市布吉高级中学林洁璇。

内力：系统内物体相互间的作用力。

外力：外物对系统内物体的作用力。

【练习1】 如图1，选系统，找出内力和外力。

静止在水平地面的两个物体A与B中间用细线拉着，弹簧处于压缩状态，当把细线剪断的瞬间，请分析A与B组成的系统中的外力、内力。假如选取B与A、弹簧组成系统呢?

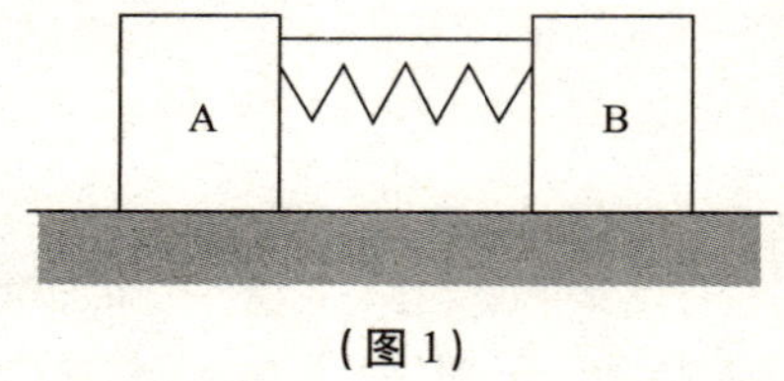

（图1）

三、推导（请学生来推导）

如图2，在光滑水平面上做匀速运动的两个小球，质量分别是 m_1 和 m_2，沿着同一直线向相同的方向运动，速度分别是 v_1 和 v_2，且 $v_2>v_1$，经过一段时间后，m_2 追上了 m_1，两球发生碰撞后的速度分别是 v_1'和 v_2'，试用动量定理推导出表达式：$m_1v_1+m_2v_2=m_1v_1'+m_2v_2'$

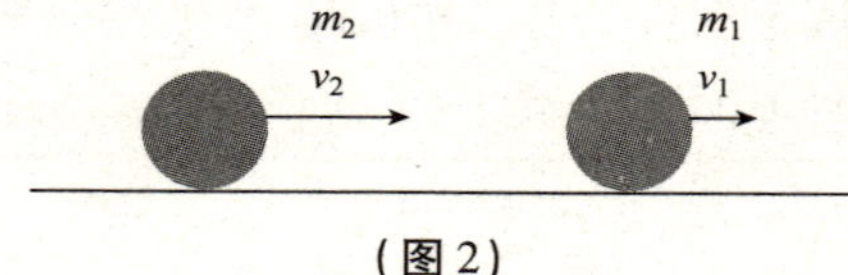

（图2）

（教师点拨推导过程，并从表达式的含义入手，引导学生理解动量守恒定律。）

让学生对比教材上用牛顿定律推导动量守恒定律的表达式的方法与过程。

推导过程：

根据牛顿第二定律，碰撞过程中1、2两球的加速度分别是：

$$a_1=\frac{F_1}{m_1} \qquad a_2=\frac{F_2}{m_2}$$

根据牛顿第三定律，F_1、F_2 等大反向，即 $F_1=-F_2$所以：

$$m_1a_1=-m_2a_2$$

碰撞时两球间的作用时间极短，用 Δt 表示，则有：

$$a_1=\frac{v_1{}'-v_1}{\Delta t},\ a_2=\frac{v_2{}'-v_2}{\Delta t}$$

代入 $m_1a_1=-m_2a_2$ 并整理得 $m_1v_1+m_2v_2=m_1v_1{}'+m_2v_2{}'$

这就是动量守恒定律的表达式。

四、动量守恒定律

（1）内容：相互作用的物体，如果不受外力作用或者它们所受的外力之和为零，它们的总动量保持不变：。

（2）表达式：$p_1+p_2=p_1{}'+p_2{}'$或 $m_1v_1+m_2v_2=m_1v_1{}'+m_2v_2{}'$或 $\Delta p_1+\Delta p_2=0$

（3）动量守恒定律的成立条件：①系统不受外力或系统所受外力之和为零；②系统所受的外力之和虽不为零，但比系统内力小得多，如碰撞问题中的摩擦力、爆炸过程中的重力等外力比起相互作用的内力来小得多，可以忽略不计；③系统所受外力之和虽不为零，但在某个方向上的分量为零，则在该方向上系统的总动量的分量保持不变。

注意：

（1）矢量性：动量守恒定律的表达式是一个矢量式，系统的总动量在相互作用前后不仅大小相等（不变），方向也相同（不变），对于同一直线上的动量守恒问题，应选取统一的正方向，凡是与正方向相同的动量为正，相反的为负（往往以总动量方向为正方向）。若方向未知可设与正方向相同而列方程，由解得结果的正负判断未知量的方向。

（2）相对性：动量的大小和方向与参考系的选择有关。应用动量守恒定律时，应该注意各物体的速度必须是相对同一惯性参考系的速度，一般以地面为参考系。

（3）同时性：物体系在相互作用的过程中，任一瞬间的动量矢量和都保持不变，相互作用前的动量中的速度 v_1、v_2……都应该是作用前同一时刻的瞬时速度，等号右边 $v_1{}'$、$v_2{}'$……是相互作用后同一时刻的瞬时速度。

（4）普适性：它不仅适用于两个物体组成的系统，也适用于多个物体组成的系统；不仅适用于宏观物体组成的系统，也适用于微观物体组成的系统。

从现代物理学的理论高度来认识，动量守恒定律是物理学中最基本的普适原理之一（另一个最基本的普适原理就是能量守恒定律）。从科学实践的角度来看，迄今为止，人们尚未发现动量守恒定律有任何例外。相反，每当在实验中观察到似乎是违反动量守恒定律的现象时，物理学家们就会提出新的假设来补救，最后总是以有新的发现而胜利告终。例如：静止的原子核发生β衰变放出电子时，按动量守恒，反冲核应该沿电子的反方向运动。但云室照片显示，两者径迹不在一条直线上。为解释这一反常现象，1930 年泡利提出了中微子假说。由于中微子既不带电又几乎无质量，在实验中极难测量，直到 1956 年人们才首次证明了中微子的存在（2000 年高考综合题 23 ②就是根据这一历史事实设计的）。又如人们发现，两个运动着的带电粒子在电磁相互作用下动量似乎也是不守恒的。这时物理学家把动量的概念推广到了电磁场，把电磁场的动量也考虑进去，总动量就又守恒了。

（5）系统性：运用动量守恒定律解题时一定要确定清楚研究哪些相互作用的物体构成的系统。

五、应用

1. 举例

（1）在图 1 水平面光滑，判断所选系统动量是否守恒？水平面粗糙？

（2）如图 2，两个小球 m_1 和 m_2 在光滑的水平面上沿同一直线运动，$m_1=2\text{kg}$，速度大小为 6m/s，$m_2=4\text{kg}$，速度大小为 12m/s。m_2 追上了 m_1 发生碰撞，碰撞后 m_1的速度变为 10m/s. 求 m_2 的速度。

（3）在光滑的水平面上，两球沿球心连线以相等速率相向而行，下列现象可能的是：（　　）

A. 若两球质量相等，碰后以某一相等速率反向分开

B. 若两球质量相等，碰后以某一相等速率同向而行

C. 若两球质量不等，碰后以某一相等速率反向分开

D. 若两球质量不等，碰后以某一相等速率同向而行

（4）光滑水平面上，两个小球在一条直线上相向而行，若它们相互碰撞后都停下来，则两球碰前：（　　）

A. 质量一定相等

B. 速度大小一定相等

C. 动量一定相等

D. 总动量一定为零

（5）如图 3 所示 A、B 两物体的质量比 $m_A:m_B=3:2$，它们原来静止在平板车 C 上，A、B 间有一根被压缩了的弹簧，A、B 与平板车上表面间动摩擦因数相同，地面光滑，当弹簧突然释放后，则有：（　　）

A. A、B 系统动量守恒

B. A、B、C 系统动量守恒

C. 小车向左运动

D. 小车向右运动

2. 归纳解决问题的基本思路和一般方法

（1）分析题意，明确研究对象。

在分析相互作用的物体总动量是否守恒时，通常把这些被研究的物体总称为系统。对于比较复杂的物理过程，要采用程序法对全过程进行分段分析，要明确在哪些阶段中，哪些物体发生相互作用，从而确定所研究的系统是由哪些物体组成的。

（2）要对各阶段所选系统内的物体进行受力分析。

弄清哪些是系统内部物体之间相互作用的内力，哪些是系统外物体对系统内物体作用的外力。在受力分析的基础上根据动量守恒定律条件，判断能否应用动量守恒定律。

（3）明确所研究的相互作用过程，确定过程的始、末状态。即系统内各个物体的初动量和末动量的量值或表达式。

注意：在研究地面上物体间相互作用的过程时，各物体运动的速度均应取地球为参考系。

（4）确定好正方向建立动量守恒方程求解。

六、作业布置

（1）教材 2、3、5（作业本）。

（2）搜索动量守恒定律发现的意义以及应用。

专辑三
“扬长教育”的对接与拓展

“教育部——中国移动中小学校长培训项目”旨在提升落后地区校长素养，促进我国教育均衡发展。自2009年10月被聘为指导教师至今，马锐雄校长在两轮培训中，带出中西部校长四批共计25位。马校长以深圳市布吉高级中学的跨越式发展为范本，建立学习交流的坐标系，与中西部参训校长共享先进的办学理念、管理经验和内涵发展策略，携手共谱和谐教育新篇章。

2012年，在第一轮工作总结表彰暨新周期项目启动之际，马校长被评为该项目“优秀指导教师”，又被国家教育行政学院聘为项目专家。

普通高中优质发展的思考与实践

普通高中教育是义务教育后的高层次基础教育，是联系义务教育和高等教育的纽带。高中阶段教育是学生个性形成、自主发展的关键时期，对提高国民素质和培养创新人才具有特殊意义。近年来，我国普通高中教育有了长足的发展。但随着经济社会的全面发展和教育改革发展的逐步推进，高中教育资源总量不足、布局结构不合理、“同质化”发展等问题日益凸显。这与广大群众对优质高中教育的需要存在较大差距。普通高中教育如何优质发展，以进一步适应社会发展，满足广大人民群众对优质教育的需要，是摆在所有人面前的问题。本文就普通高中优质发展阐述自己的思考和实践，以期抛砖引玉。

一、普通高中培养目标与优质学校的内涵

1. 普通高中培养目标

一直以来，人们普遍认为，高中学校的培养目标就是“两个输送”：为高校输送人才，为社会输送合格的劳动者。这其实是非常狭隘、短视的。当前，《国家中长期教育改革和发展规划纲要（2010—2020 年）》提出了明确的要求：加快普及高中阶段教育、全面提高普通高中学生综合素质和推动普通高中多样化发展。明确提出在新课程理念下，高中教育由传统的“升学与就业”向“提升公民素养”转换。我认为，高中阶段是学生从被监护走向自主的转折点，高中学生有梦想，有冲动，有力量，但需要培养理性、责任和涵养，就像正在组装的机器，还需要整合、调试、检测和校正。高中教育需要对学生进行知识整合、思维整合、文化整合，让学生在现实社会生活的坐标系中寻找自己的坐标，做负责任的现代公民。教育除了给学生分数外，还要让学生拥有成为现代公民的责任感，以及履行

职责需要的素质和能力。教育的目的是为所有学生的发展服务，按学生的天性培养人。教师只是起引导作用，培养他们良好的学习习惯和行为方式。

2. 优质学校的含义

优质学校应该是根据培养目标，结合校情、学情，提供最适合学生的、满足学生个性发展需要的、为学生终身发展服务的教育。

3. 优质学校的主要特征

对培养目标有清晰的理解；办学有追求，教育理念先进；师生有共同愿景；对社会、家长、学生有承诺；有优质的管理和教师团队；有切实可行的教育教学模式；有稳定而优良的教育教学质量；有鲜明的办学特色。

4. 优质学校的支撑平台

一所优质学校必有自己的支撑平台，包括先进的制度与文化，即现代学校制度与教育价值观；有健全的学术与科研组织；有独特的课程与多元的评价标准；有丰富的教育资源与先进的信息技术。

二、布吉高中创建优质学校的实践

回顾布吉高中的发展，就是在生源相对薄弱的情况下，坚持“让每一个学生都体验成功”的办学宗旨，贯彻“扬长教育”办学模式，一步一个脚印从一所村办学校发展成为国家级示范性高中。布吉高中的发展道路使我们相信：每个学校都可以从自己的校情、学情出发走创建优质学校之路。

1. 战略上

（1）教育是面向未来的事业。

教育是面向未来的事业，是社会发展的奠基工程。因此，我们要把教育置身于政治、经济、社会发展的坐标系中去明确自己的定位，同时也要着眼于未来社会的发展去设计教育的方向。好的教育是发展性的教育，不是为了成绩而教；好的教育除了在认知领域影响学生，还要重视对学生的创新精神、公民意识、人文情怀的培养。

（2）找准方向，奋力突破。

一个人的发展，“合格 + 特长 = 成功”；一所学校的发展，“达标 + 特色 = 成功”。因为资源有限，很难做到样样优秀，在保证合格、达标的基础上，做到有特色，是通往成功的有效途径。反之，平均用力，只能事倍功半。达标是基础，教育教学工作某一方面的严重缺陷将导致整体归零（做乘法而不是加法）。因此常规管理是基础，是保障。

（3）田忌赛马，以弱胜强。

目前，由于诸多因素的影响，学校与学校之间在师资、办学条件、生源等方面还存在着参差不齐的情况。在充分考虑本校的地理位置、硬件条件、师资队伍、管理模式等现实条件和基础上，同时还要顾及到社会和地域实际对人才的实际需求，要结合本校实际选准“突破口”，走特色发展之路。学校的特色发展也是我们深圳市的高中学校应该有的更为高远的境界和追求。当然，特色不是创建的，而是一所学校本来就有的，关键看我们怎么去观察、挖掘、引导、强化，特色只不过是学校成长过程中的“定格”。特色需要发现，需要挖掘，需要引导；特色发展需要期待，需要激励，需要强化。

2. 策略上

（1）重教育规律、回归教育本质。

教育的本质是育人，是促进每个孩子有最合适的发展，有健全的人格，从而成为社会需要的人。教育的这一本质要求我们必须确立人的主体地位，必须以人为本，必须以培养人格健全的新一代为己任。布吉高中为不同智能特点的学生发展设置阶梯，使不同层次的学生在各自起点上实现发展，一切从实际出发，面向每一位学生促其扬长，“让每一个学生都体验成功”正是对教育本质最好的诠释。推行先进的“扬长教育”教育理念，抓住了教育发展的本质，抓住了学生成长中最重要的东西。无疑，布吉高中努力推行“扬长教育”的办学理念，成为了学校成功的法宝。

（2）聚焦能量，寻求突破。

作为校长，我是与布吉高中共同成长起来的。1994 至 1995 年，作为深圳市首批 14 个后备校长之一，我参加了为期一年的后备校长脱产培训班。特别是在深圳市外国语学校挂职 8 个月，担任校长助理的经历，给了我很大的帮助，这为我以后担任校长管理学校打下了坚实的基础。这个积累过程很重要，也如同一所学校的发展，没有积累就没有跨越。做好一个校长，首先要吃得起苦，耐得住寂寞，要在默默无闻中积蓄力量，坚守这个积累的过程。人生最难突破的是自己，让自己止步的也是自己。在教育道路上，每天都有新问题、新困难。布吉高中的发展也不是一帆风顺的，也曾经面临撤并的困境。每当这时，我都沉思和反省，始终瞄准制高点，积蓄力量，寻求突破。

3. 措施上

（1）形成学校、教师、学生三级发展目标。

“想让学生扬长，教师必要有所长；想让学生成功，教师必须先成功。”每位新入职的教师都要接受校情、学情岗前培训，我校的名师负责传、帮、带。每位青年教师都有自己的三年成长规划，我校分类指导。现在，学校有针对性地为教师提供国际、国内培训，每年培训可达100多人次，大批教师成为省、市级骨干教师，并各有专长。师德高尚、开拓进取、育人和科研俱佳的优秀教师队伍是布吉高中发展“扬长教育”的保障。2009年我荣获广东省第二批基础教育系统名校长光荣称号，随即又被确认为广东省首批中小学校长工作室主持人之一；唐争艳老师继姜少梅老师后又获“南粤优秀教师”光荣称号，彭春晖老师喜获“深圳市优秀班主任”称号；黄少波等16位教师被确认为龙岗区优才工程培养对象；111人次教师在市级以上专业技能大赛获奖；由我校教师承接的一项国家级科研课题结题，两项国家级科研课题立项。毋庸置疑，一支优质的教师团队正在我校形成。

提升学困生学习动力、兴趣和学习能力。我每年都为新生专门开设学法讲座“规划高中生活，提升生命价值”，它鼓起了很多学子的信心，引发学生对未来发展的思考。在布吉高中，通过教师的悉心指导，每一位学子都订立了一份高中三年成长规划，鼓励自己做到“认清自我、发现优点；自我规划、学会发展；立足起点、跨越自我”。

（2）打造“学校、社区、家庭利益共同体和校长、教师、学生利益共同体。

教育和教学不只是技术工作，更多的是人文关怀、人文精神的传播工作。所以，对任何一所学校的评价和定位都不应该单纯地从升学率出发，而应该把目光放在宏观的位置上，衡量一所学校在社会上的价值。

我校一直坚持“义务送教服务”。布吉高中在很多村委会和社区成立了家长学校，并专门编写了《家教指南》，发给家长学习，家、校共同来辅导、培养学生；我校还以南岭村为试点，专门派遣家庭教育指导老师，为需要帮助的家庭提供无偿辅导、服务。

“义务送教服务”为学生营造了全面、健康、和谐发展的环境，也为农村城市化地区探索学校、社区、家庭“三结合”教育提供了示范和参考，使布吉高中获得了更多的发展空间和打造特色教育品牌的基础。与社区联手共建、有效利用社区资源的“义务送教服务”，开创了我校服务社区的特色教育模式。

布高老师认为不同的学生有不同的天赋，学生个体间存在着不同的相对优势，每个学生都“有长可扬”，已经成为大家的共识，这就要求每位教师重视专业发展，根据学生的不同特点和需求，选择不同的教学内容和教学方法，使他们各有所得，各有长进。在重视教师专业成长的同时，教师的需要也得到重视和满足。学校开办之初，教师缺乏，好教师更是一师难求。学校礼待求职教师，为他们工作、生活、子女入学、配偶求职等创造条件、提供帮助，让他们人留下来，心也留下来。16 年来，环境变了，条件也变了，当初的 18 名教工扩大到了如今的 360 人，但学校全方位关心教师的做法没有变，教师对学校的依恋和感恩也始终没变。在和谐理念引领下，校长、教师、学生利益共同体进入了良性发展的轨道。

（3）改变传统管理构架，提高行政效能（两大系统、教学德育整合）。

扬长教育的前提是学校管理的现代化。以构建现代学校制度为目标，健全后勤服务体系、安全保障体系、德育支撑体系、教育教学质量监控体系，形成服务保障和运行两大系统。将管理的目光前移至每个年级、班级及每一位学生，强化了在校长负责下，各处室对年级工作的整体协调和专业指导，加大了各级组结合年级、班级实际创造性贯彻、落实学校办学精神的力度，营造民主、平等的氛围，和谐校生关系、师生关系。

（4）分层教学为质量奠基（以学定教才是真正的因材施教）。

15 年来，布高人面对新课改，学校努力克服形式主义倾向，一直牢记“教学”这一学校工作生命线，发挥“课堂”这一教学核心观测点的作用，以课堂效果及考试结果为切入点，强化学科组建设，全面开展聚焦课堂活动，订立切合实际的课程标准和校本教材，推进教学有效化。我校面向教学对象差异性，广泛推广“分层教学和分层作业”试验，构建科学的教学评价体系，不光关注教师怎么教，更关注学生怎么学，关注学生现状，注意对学困生的指导力度，不同程度的学生实现最佳发展设置阶梯，让所有学生都学有所获。

三、扬长促科学发展 创素质教育特色学校

为了能让所有的学生都体验成功，学校认真研究每一个学生，根据学生的学业情况，爱好专长，制订学生成长计划，因材施教、因地制宜地推出“扬长教育”人才培养模式，让学有所长的学生崭露头角，鼓励学生“特色学习，个性发展”，在体验成功中快乐地学习、成长。

1. 扬长教育之科技教育——知行合一，扬长发展，创科技教育特色学校

专门成立了科技中心，组织学校科技实践活动；科技特色教育主要覆盖科技创新（全国中学生遥感实验室）、机器人教育、海陆空三模三大方面，注重专家引领的作用，特意聘请了遥感技术专家、兰州大学博士生导师马鸿良教授常住学校任辅导老师；同时因地制宜，充分借助特区和社区优势，每年组织学生赴红树林、南头古城、大鹏所城、客家围屋等地调查研究；学校科技实践活动屡结硕果：航空、海模已成为学校的一大拳头产品，连年在国家级、市级竞赛中荣获团体及个人一等奖；新教学楼建成之后，我校将成立物理、化学、生物、机器人、海陆空三模、分子生物学微生物及组织培养六个探究实验室，同时尽可能开发出新的课程资源活动基地。

2. 扬长教育之体育教育——体验运动乐趣、提升健康素养、促进和谐发展

我校根据本身生源情况和自身特点，坚持以田径为特色，以竞赛成绩和体育高考成绩为根本，走出了一条特色道路，连续五年取得中学生田径运动会第一名，并获得参加市中学生田径运动会的参赛资格并且连续七年取得团体总分前六名的佳绩！在体育高考方面我校历年本着低进高出的原则，向全国各高校输送体育人才多人，并且多人考入国家211重点大学。体育大项——田径在龙岗优势明显，学校学生田径代表队多次代表龙岗区参加深圳市中学生运动会，总体实力已雄居全市前茅。继深圳市体工大队与我校签订合办高水平田径队协议之后，深圳市龙岗区体校田径训练基地也在我校挂牌，这样我们将吸收到更多的体育元素，从而让我校体育特色得到更快的发展。

3. 扬长教育之艺术教育——鉴赏美、展示美、创造美，以美育人，扬长发展

学校根据生源特点，积极发现同学们在艺术方面的才能，发挥经验丰富的教学团队优势，按常规教学要求广泛开展专业培训，把第二课堂活动常规化、规范化。建立长效艺术人才培养机制（每班每月评选艺术之星活动、师生艺术才能展示周、定期举办校园艺术节、教师专业发展培养机制），珍惜、发展艺术教育“沃土”，建立艺术教育基地（建立南湾艺术、文化中心实践基地、建立文博会分会场创作主题壁画实践区、建立仙湖植物园、观澜湖、大鹏艺术实践基地、建立桂芳园社区艺术实践基地），建立艺术教育交流基地（教育界艺术交流基地、社区艺术交流基地、国际艺术交流基地），创新艺术课程设计（欣赏课校本教材创新设计、模块、社团校本教材创新设计、艺术专业课教学校本教材创新设计），形成本校艺术教育课程系统（专注校本化课程发展、艺术高考专业教学课程整体规划、社团活动引导规范化、细致化）。经过优质高效的专业技能训练，让大量的学生在高考中体验到了成功，圆了上大学之梦！布高在专业艺术建设上一直都走在同区学校乃至同市学校的前列，由于布高特色的专业化教学，具备了强大的“加工”能力，学校也连续两次荣获深圳市高考特色奖。

4. 扬长教育之道德教育——育德树人，培养人格健全、和谐发展的现代公民

我们始终认为：学校教育，应当是充满人情、人道和人性的教育。离开了情感，一切教育都无从谈起。第一，德育工作应当走进学生的情感世界，“走进学生心灵”，应当落实到对学生“爱”的教育中。德育的核心是“爱”的教育，缺乏对学生真诚的爱，再多的投入再多的教育都是没有成效的。第二，德育工作不能脱离学生与现实的联系，必须深入实际，了解学生的构成，将学生和家庭、社会联系起来，作为一个统一的整体进行研究。第三，在德育中要落实“科学发展观”，应以“促进人的发展”为终极目标，如果仅仅看到升学率，急功近利地发展教育，实际上是“异化”了教育，是“非人性化”的体现，应把学生当作一个整体，对学生一生的成长与发展负责。为了落实这些德育观念，我们校把心理咨询室、校医室、保卫室、应急中心搬进了宿舍区，加大对内宿工作的管理力度；并且

为许多后进生建立了心理档案，以便于班主任、心理老师和宿管老师一条龙管理，消除管理盲区。

在科学理念的引领下，布高人兢兢业业、务实创新，已形成鲜明的德育特色，主要体现在以下几个方面：送教进社区——提供了全面而贴心的服务，社区、学校、家庭形成了三位一体的教育合力；网络德育——网络德育是立体育人的重要抓手；心理健康教育课程化和德育科研蓬勃发展。

教学管理是重中之重

——读《学校管理新策略》感悟[①]

《学校管理新策略》一书是以学校新课程改革实施为背景，学术性和应用性兼备，继承与创新并举，紧紧围绕学校管理观念的创新、新课程改革、学校全面质量管理、校本管理、学校文化建设、创建特色学校等重大问题，从理论与实践的结合上提出新的策略，阐述了现代学校管理理论，阐述了学校管理观念创新的策略。对此，我深有体会，作为学校的管理者，应该从以下几方面努力。

一、要提高管理者自身的素质

“创新，是一切工作的生命”。学校管理者要养成研究意识，不唯书，不唯上，只唯实，要努力成为一个高素质管理者。既有政治家、战略家的素质，又有教育家的素质；既精通教育教学与管理业务，也谙熟市场经

① 本文作者为广东汕尾市林伟华中学校长陈世炯。

济，对学校的发展乃至社会的发展都能够领会和把握。今天，我们管理工作者除了要业务能力强以外，还要与时俱进，管理理念新颖，努力提高自身的管理水平。

二、要学会科学的思维方法

管理者要树立创新的观念，必须依靠科学的思维方法。没有一个科学的思维方法，就不可能创新，甚至会走向其愿望的反面。管理者在思考问题、解决问题时，不能就事论事，不能只受眼前利益和部分利益所限制，要努力从全局、长远的高度去思考与解决问题；管理者要学会用数理统计的方法来科学分析学校管理问题。实际管理中，许多事情的评估是宜粗不宜细的，用发展的眼光科学辩证地看问题，才能够提高管理的成效。

三、要提高全员创新素质

现代学校高层管理者的重要职责一方面是强化自我管理，有计划、有目的地进行自己分内的管理创新活动，不断提高学校整体素质；另一方面是全面规划，组织全校教职工从自身所肩负的教育教学和经营管理任务出发，积极进行创新活动，并竭尽全力为其创新提供环境和条件。

四、评价标准的多样化

打破只关注教师课堂行为表现，忽视学生参与学习过程的传统的课堂评价模式，建立发展性课堂评价模式，引导学生参与课堂评价，使教师的教真正服务于学生的学。在学生评价方面，我们的评价观是：不仅仅关注学生的学业成绩，而且要发现和发展学生多方面的潜能，帮助学生认识自我，建立自信，发挥评价的教育导向功能，促进学生在原有水平上发展。

新课程强调改变课程过于注重知识传授的倾向，强调形成积极主动的学习态度，使获得知识与技能的过程成为学会学习和形成正确价值观的过程。新课程还强调改变学生的学习方式，倡导学生主动参与、乐于探究、勤于动手，培养学生搜集与处理信息的能力、获取新知识的能力、分析解决问题的能力，以及交流与合作的能力。关注人是新课程的核心理念——一切为了每一位学生的发展。教师是课程的开发与实施者，自身是一种重要的课程资源。学校课程的有效实施就是要学校紧紧抓住新课程的理论资源和教师这一动态资源的有效结合，这样才能产生课程理想的好效果。教学手段的逐步现代化以及终身教育观念的逐步深入化，要求教师不断地重新学习，接受在职教育，增加自己的知识储备，改善自己的知识结构，不断地提高教育教学专业水平。新课改下明确校长帮助教师学会判断教师行为的合理性和有效性，逐步养成自我反思、设计教育行为、从事行动研究的意识和能力，学会在教学研究中体验成功，等等策略。通过读《学校管理新策略》，它为我创设了一个平台，书中的文字使我脱离了未开化的状态，使我能够有机会以文字的形式，聆听大师的声音，升华自己的思想，可谓受益匪浅。

教学管理是一个学校的重中之重，教育的最本质内容也体现在教学过程之中。在品读《名校教学管理的提升力》这一书时，同样令我获益匪浅。该书通过介绍多个国内外经典教学管理的案例，并由教学管理专家进行了精辟、详尽的分析，在兼容并包的前提下，融合了最先进的管理理念在学校的教学管理中，具体阐述了教学管理中的诸多问题。如：如何进行体验教育、科学教育、开放式教育、研究型教育、双语教育、心理健康教育，如何进行新的教育评价，如何把激励机智引入到教学中来，如何让学校在教学中实施成功教育，等等方面。经典案例解析详细，方式、方法，对于提高学校整体的教学水平与教育能力也起到了一个提升的作用。这也正是一所好学校所需要的一种教学管理思维。

在今后的学校教育教学管理实践中，我们要善于反思、改进、积累，只有施教者拥有实用教育管理理念，才能把实用的教育落到实处。正如老斯坦福先生所说的："请记住，生活归根到底是实际，你们到此应该是为了给自己谋求一个有用的职业。但也要明白，这必须包含着创新、进取的愿望、良好的设计和最终使之实现的努力。"既重视科学的理论基础，也重视其实际的应用。知识不是用来把玩欣赏的，也不是用来附庸风雅的，知识的真正价值在于它能为人所用，造福社会。而实用教育管理的目的正是让学生不但学有所长，而且还能够学以致用，服务社会。因此，教育管理者要让学生不仅仅掌握最先进的知识，而且更应该让学生学会的是把学术转化成技术，把技术转化成生产力的能力；让学生学会从现实中开创未来，解决困扰当今世界发展进步的一些疑惑。

信息时代向每个人提出了终身学习的要求，这次在马锐雄校长工作室，使我有机会吮吸新的理念，使自身的素质得到进一步提升。“一个人有多大的能力，就会有多大的舞台”，这句话我非常的认同。我希望通过多读书，结合自己的实践经验，不断总结提升，使自己的能力不断进步，结出智慧之花，铺满人生舞台。

营造良好校园心理环境初探①

马克思曾说“人创造环境，同样环境也创造人”，环境塑造人的心灵，学生生活在由社会—校园—家庭构成的多重环境中，但学生的多数时间在学校，所以校园心理环境对学生的心理健康影响尤其重要。其中，心理环境指人脑中对人的一切活动发生影响的环境事实，也即指对人的心理事件发生实际影响的环境。这是德国心理学家 K. 勒温提出的拓扑心理学中的一个基本概念。勒温以“实在是有影响的”这一原则为标准，认为不管是人意识到的事件，还是没有意识到的事件，如果它们成为心理的实在，都可影响人的行为。而所谓校园心理环境是指在学校对教师和学生产生了心理影响的社会、经济、自然和人文等环境因素，即指在校园这个特定的环境里被反映到教师和学生的心理世界中来，又以某种观念形态出现的环境，我们称之为校园心理环境。这种观念的形态一般以学校群体活动的目标、规范、内聚力和认同感等心理现象呈现，它不仅影响着校园内的每一个人的思想，而且控制着集体活动的水平和成效。因此，良好的校园心理环境是提高学校办学水平的重要条件。目前，我国的许多中小学都在探究校园心理环境的实践工作，但大多数的中小学只是从校园物质建设来营造

① 本文作者为潮州市松昌中学校长陈忠然。

优美的校园环境，而对学生精神建设方面关注较少，也不够全面。

笔者认为“校园心理环境”，主要包括学校的学风、班风、心理体制下的各种心理服务、社团活动等心理健康教育以及心理健康教育和其他学科、集体、学生社团等的融合。我们作为教育工作者，有义务尽力为学生们营造更积极、奋进、和谐、健康的校园心理环境，开发学生多项潜能，使学生潜在或公开地渗透某些思想和价值标准，使学生各方面的心理素质得到提升，使学生在不知不觉中接受教育，并能够最终成为对社会更有用的后备人才。良好的校园心理环境能更好地促进学生综合心理素质的提高，这在我们近一年的探索中得到了初步肯定。

一、延伸化——科任教师指引学生快乐学习、蓬勃向上

各门学科和心理学在某些方面是相通的，心理健康教育以各学科为媒介延伸，更能将健康的理念和积极向上的人生观融入学生的内心世界。

1. 心理健康教育融入学科课堂教学

学生在学校的绝大部分时间都是花在各个学科的课堂学习上，而每周仅有一节课是班会课，能够用来上心理课的时间更少。仅靠心理老师对学生进行心理健康教育是远远不够的，随着心理健康教育的逐步深入，学科教学过程中渗透心理健康教育将是心理健康教育的主要途径。教学过程不仅是知识传授的过程，也是师生情感和理性上双向交流互动的过程。学科教学中有机渗透心理健康教育，会大大提高学生的心理素质，比如“众志成城”这个成语的学习，在教会学生理解成语的含义的同时也让学生懂得团结的力量；反过来，学生良好的心理素质也会促进学科教学的发展，提高学科教学的质量和效率。

2. 赏识教育、快乐学习

挖掘学生的闪光点，肯定学生的优点。对待学生的作业，首先要肯定做对的，不要只盯住错误，即使做错了，也要肯定合理、正确的成分，分析错误的原因，让学生满怀信心地去争取成功。通常老师对学生的肯定（包括学习能力、性格特点，并不局限于该学科的学习），总会激发学生学习该学科的强烈激情。比如说有的学生会说“老师对我很好，所以我学习起这个科目就很有动力，我肯定不能让老师失望。”这是因为学生被具有一定权威的老师表扬，能够极大地增强其该方面的自信心，而自信又会刺

激学生良性发展。

3. 课后谈话作为师生情感交流的途径

科任老师跟学生并非只限于课堂教学上的交流。课后老师以关心、爱护学生为前提，根据学生的情况有针对性地跟学生进行谈话，能够使学生感受到更多的温暖。在谈话过程中，教师可以关心学生的学习情况，是否存在困难，有没有什么不开心的事情，跟同学的关系怎样，满足学生的依恋需要。特别是在学生犯错误时，教师更应该耐心细致，循循善诱，指出他的错误所在及老师的希望，让学生心悦诚服地接受。比如说有的学生人际关系出现严重问题后会在课堂上故意捣乱，并期待激怒老师，刺激家长。本以为会受到老师的严厉批评，但是老师课后的谈话却是关心学生的同学关系、家人关系，就把学生的“破罐子破摔”的想法粉碎了，反而使其对老师充满感激和敬佩。

4. 兴趣是最好的老师

科任老师不应该是迫切要求学生学习，而是让学生在迫切要求下学习。布鲁纳提出：“学习的最好刺激乃是对所学材料的兴趣，要以知识本身吸引学生学习”。教学必须以学生的兴趣为起点，以激发学生更大的学习兴趣为目的。心理学研究表明：兴趣是学习最好的营养剂和原动力，任何其他学习动机只有伴随以兴趣才能持久。首先，要处处以学生的兴趣为出发点，充分挖掘教材中能引发学生兴趣的内容，精心处理教材，巧妙地组织教学内容。其次，根据学生身心发展特点，选用灵活多样的教学方法和新颖别致的教学手段，制作教具，改进教法，等等。如在新课导入时，可设计一些或悬念式，或情境式，或激情式的导语以唤起学生的兴趣。最后，承认学生的差异，分层分类，因材施教，培养学生的兴趣，利用兴趣的迁移现象，促成兴趣的转移，发展学生的兴趣，进而调动学生学习积极性。

二、一体化——班集体塑造学生健康人格

良好的班集体使学生凝集为一体，良好的学风使广大学生热爱学习，良好的班风使广大学生遵守纪律。

1. 班集体活动

通过篮球比赛、大扫除、校运动会、黑板报比赛等班集体活动，学生

能够形成团结友爱、互帮互助的班集体意识，产生对该班级的归属感和幸福感，这些都有利于塑造学生健康向上的人格。

2. 主题班会

根据本班学生的心理发展特点，开展有针对性的主题班会，如“诚信”、“做情绪的主人”等，能够实际性地解决本班学生的普遍问题，引导广大学生培养良好的心理素质。

3. 个别谈话、家访

对于具有特殊情况（如家庭变故等）的极少部分学生，班主任通过个别谈话、家访，能够使学生感受到来自班集体的关心和班主任的关注，更有利于学生的自我调节和心理恢复。

三、系统化——心理体制保障学生心理健康成长

心理体制是由政教处指导、心理辅导室管理、晴心社协助、心理委员沟通，形成的保障学生心理健康成长、提高学生综合心理素质的系统化管理制度。

1. 心理辅导室开展常规工作

心理辅导室是在学校政教处指导下，以学生的最大利益为目标，遵循着教育、真诚、尊重、启发、保密、预防、发展、理解、整体、差异等十项原则，不断开拓、创新，进行一系列有计划、有宗旨的心理健康知识宣传、心理健康教学、心理讲座、个别心理辅导、团体心理辅导等常规工作。

（1）利用多种途径宣传心理健康知识。

通过学生所熟悉的广播进行全校性广播，在各班级、学校宣传栏张贴资料、海报，心理游园时发送心理小贴士，各班心理委员宣传等多种途径向广大学生宣传具有实用性、通用性，具有较高指导意义的多种心理健康知识。

（2）面向广大学生的心理健康教学工作和心理讲座。

根据各班级不同情况，有差异地面向不同学生群体进行教育、教学工作。对学风较差、纪律散漫的班级开设“学习目标”的心理课程，对存在较多学生出现男女同学过度交往的情况的班级开设“与异性同学交往的

度”的心理课程，对失去信心、缺乏学习动力的学生开设“适当的学习动力”的心理课程，等等。

（3）针对个别学生提供个别心理辅导。

学生群体有其所集中表现出来的心理问题，如早恋、滋事生非、学习障碍等，但不同的学生心理问题的产生原因却又是因人而异的。比如说，有的学生因学习注意力不能集中而前来辅导，但经过谈话却发现她是依赖型人格障碍，为了得到母亲的持续性关注而不断地表达自身无法集中注意力的症状。为个别学生提供具有较高针对性的个别辅导，是保障学生心理健康非常重要的一个环节。

（4）针对特殊学生提供团体心理辅导。

有一些学生在人际关系方面存在障碍，如：无法控制情绪、不懂得如何与人沟通、过度自我等。对于这些类型的学生，单纯的个别心理辅导只能是帮助分析问题产生的原因、提供改善的建议等，而不能提供一个模拟场景以习得人际交往的技巧。团体心理辅导这种方式很好地补充了这一点。约十个性情各异的学生为了共同的目标——自我成长而走到一起，各抒己见，谈论自己的问题，接受他人的意见，同时根据别人的讲述谈谈自己的想法，从中得到启示。

2. 学生参与组织的心理活动

指导学生社团开展各种心理活动，丰富学生课余生活，使广大学生在参与活动的过程中体验到内心世界的微妙变化。

（1）心理游园。

心理健康游园活动，集知识性、娱乐性、启发性于一身，在游园中参与者能够体验到内心世界的奇妙变化，获取有用的心理知识，提高适应能力、学习能力、团队合作能力等。

（2）座谈会。

根据学生的心理特点和社会热门话题，设立一个学生普遍感兴趣的话题，开展座谈会，让学生自由发言，表达各自内心的想法，并从中得以提升自己的思想。比如说临近“六·一”儿童节的时候，在高一级开展“再见小时候”的座谈会，学生回忆童年的各种愉快经历，展望成人后所应当承担的各种责任，使学生更懂得父母的艰辛，更懂得珍惜现在的学习时光，更懂得要努力学习，将来考个好学校。

（3）心理委员在班里的积极贡献。

一支具有较高心理自助与助人能力的学生干部队伍——心理委员的存在加强了我校心理健康教育工作，扩大了我校心理健康教育的影响面和服务面，发挥了学生干部在心理健康教育工作中的桥梁与纽带作用，充分体现了学生在心理健康教育中的主体地位。

每班至少一位的心理委员在各自的班级里传播心理健康知识和心理健康理念；维护本班学生的心理健康，发现问题时，及时报告老师，或推荐到心理辅导室寻求帮助；配合学校心理辅导室，参与心理危机干预的预警工作，及时发现不良情况，并及时反馈；自主探索提高本班学生心理素质的途径和方法。他们是桥梁，是润滑剂，连接着学校，滋润着同学，是我校心理教育工作中的一支重要力量。

四、多元化——社团活动促进学生综合素质的全面提高

形式多样、健康有益、积极向上的社团活动不仅丰富了校园文化，培养了学生的兴趣爱好，扩大了学生的求知领域，使高中生活丰富多彩，而且对高中生的心理成长具有积极的作用。社团活动丰富了高中生的情感体验，提高了学生的人际交往能力，增强了其团结合作意识，提升了其自信心，促进了学生综合素质的全面提高。

1. 学校机构

团委会、学生会、值日生队伍等学校机构是服务于广大同学的综合性学生组织，包括秘书处、组织部、文体部、宣传部等部门，其职能不仅包括团组织工作的基本内容，还涵盖学生的文娱体育活动、服务活动和社团活动，每一项职能都关乎同学们的日常生活。

2. 文学社

沐曦文学社本着“文思天地，书香校园”的宗旨，为广大爱好文学的学生开辟了展现才华的天地，丰富学生的课余文化生活，激发学生创作的热情。目前，该社已经出版了三期校刊，均取得了不错成绩。

3. 晴心社

晴心社是一个服务于广大同学，以“自助和互助”为目的，以各种心理活动为载体，以“敞开我们的心扉，感悟生活的智慧”为宗旨，在广大

同学中普及心理学知识，提高其心理自我保健意识，充当同学间沟通桥梁，提高综合心理素质的学生团体。其举办的多次心理游园活动把心理健康知识宣传到位，起到提高同学们的沟通表达能力、团队合作能力，增加其对自我的了解和认识等积极作用。

4. 音乐社

飓风音乐社以兴趣为动力，通过音乐传播快乐。其举办的活动让枯燥的校园生活变得多姿多彩，让更多的学生在欢乐中收获成长，在阵阵笑声和乐声中学会品味生活。

5. 星火社

星火社是一个集爱心、学习、兴趣于一身的多元化社团，以活动项目为载体，立足校园，面向社会，以“奉献、友爱、互助、进步”为宗旨，秉持着“星星之火可以燎原”的坚定信念，为需要帮助的人奉献学生的点滴爱心。

其举办的象棋大赛丰富了学生课余生活，让学生在努力学习的过程中得以精神上的放松和情操上的提升。其定期举办的图书交流活动不仅为学生提供了知识互动平台，而且让学生体验到交流和分享的乐趣，在活动现场结交到更多热爱书籍的朋友。其开展的爱心捐献活动所筹募的资金帮助了部分急需帮助的同龄人，学生在捐献的过程中也学会了珍惜生命、爱护身体、感恩社会。其开展的义工活动带动广大学生们打扫环境，爱护环境，提高了学生的环境保护意识。其开展的志愿服务活动提高了学生们的思想觉悟，使他们更懂得尊老护幼，善待家人。

6. 广播站

校园之声广播站自建校就创办至今，本着“丰富校园生活，服务全校师生”的宗旨，积极妥善开展校园文化宣传工作，传播校园先进文化，反映校园最新动态，及时传达学校的各项精神，并坚持贴近校园生活，贴近学生实际，充分发挥广播站在校园文化建设中的重要作用。

7. 其他学生社团

根据学生的强烈要求，我校学生还在筹备其他的一些学生社团的建立，如记者站、演讲社、动漫社等。整体来说，学校成立这些形式多样、内容丰富的社团活动对于高中生来说还是有很大益处的。学生社团可以给他们提供更多的机会结识新的朋友，给他们带来许多共同乐趣，提高学生的自尊心、自信心和学习动机，培养其探索性学习的能力、问题解决技能、决策能力和团体精神，参与社团活动是他们适应生活的一种主要途径，能避免孤独和抑郁的产生，并提升心理幸福感。

如何营造更有利于学生心理健康成长的校园心理环境是一项必须长期坚持的重要工作，我们在探索中获得丰富的经验，也将不懈努力地将经验推广、实施。十年树木，百年树人，环境造人，我们塑造环境！

浅谈校长如何引领新课程改革[①]

校长作为学校的领导核心，在学校的各项工作中都发挥着举足轻重的作用。“有什么样的校长就有什么样的学校”精辟地说明了这一点。如今新一轮的课程改革正在进行，校长的教育理念、工作态度、工作水平及引领团队的能力等，都直接影响着整个学校教师对课改的态度，关系到一所学校推进课改的进程和实施。因此说，新一轮课程改革能否顺利实施，在多大程度上实施，在什么意义上实施，其实施的效果与质量如何，从某一方面说，校长起着关键的作用。校长只有正确地认识到自己在其中的领头羊角色，并勇于承担起新时期所赋予的使命，才能更好地发挥其职能，进而促进我国新一轮课程改革的成功实施。那么，新课程理念下的校长应该怎样引领团队？

① 本文作者为汕尾市陆河县螺溪中学校长叶初迎。

一、积极宣传推动，抓好措施落实

长期以来，课程改革大都由教育主管部门或教育专家主导，采取由上而下的改革模式，校长总是处于“承上启下”的“传话”的被动位置，在课程方面的自主权很小，因而课改力度小，效果不明显。加之我们目前的教育基本上还是以分数论英雄，导致一些学校对当前的新课程改革存在着观望、等待甚至怀疑的思想。实践证明，课程改革若要真正符合实际，产生实际效果，就要转变唯分数论，树立“不求个个成才，但求个个成人”的教育观，就必须充分发挥基层学校的力量。校长对学校的工作比较熟悉，对一些存在的问题也非常敏感，让校长有其自主发挥的空间，并根据本校的实际情况，组织教师开发课程，进行教师培训等工作，为课改的顺利进行创造有利的环境。同时为有关教育部门和教育专家，提供科学决策的依据。

为此，作为一校之长，为了更好地贯彻课程改革的精神实质，真正转变学校的工作思路和工作模式，必须积极宣传和推动课程改革的实质和内容，让全体师生对此有正确的认识，帮助他们改变既有的不适应课程改革的思想观念，这也是课程改革顺利进行的前提条件，同时让家长了解课程改革的意义和价值，争取获得他们的支持和理解，这对于学校课程改革的顺利进行是十分必要的。

在自主发挥空间增大的情况下，校长的责任也就更重大。过去我国的多次教育改革的实践经验告诉我们，校长的责任、教育理念、课改态度、工作水平、引领能力，是新课程改革真正在学校得以实施并取得成功的基础。作为教育事业的一项系统工程，有校长的积极参与，新课改才能取得真正意义上的成功。这要求校长在学习中与时俱进，大胆探索，勇于改革，在实践与探索中创出本校特色，真正成为新课改的引路人、带头人，推动新课改向纵深发展。一个学校之所以区别于另一所学校，其根本原因在于校长。一个好校长就是一所好学校，师生的言行、教学的效果反映着校长的办学理念，检验着校长的责任心。

二、做好新课改的组织与指导工作

学校的每一项工作都需要校长的组织和指导。新一轮课程改革，是教育教学的整体改革，是一项复杂的系统工程，涉及诸方的利益和冲突。要保证学校课改的顺利进行，更需要有校长的精心组织和正确指导。校长要在广泛听取各方面意见的基础上，综合考虑本地、本校师生的实际情况，确立学校课改的目标、方案和评价标准，同时要引导教师充分挖掘本地课程资源、合理利用现有教育资源，帮助教师提高教学和科研能力，促进学习型组织的建立，为每个教师提供施展才能的机会，做到各尽其才，才尽其用；各展其长，长尽其展，为实施新课程改革创造一个良好的工作平台。要根据学校课改规划，确定每位教职工在课改实验中的工作职责，使每个人都有明确的工作目标，都能承担一定的责任，都能在推进课程改革和教育创新的过程中得到提高。

在课程改革中，组织管理与指导是密不可分的，校长应重视在组织管理中予以指导，通过有效的指导加强管理。校长对教师课改实验工作的指导，首先要正确把握课改方向。当前教师在实施新课程、构建新课堂的过程中存在不少困惑，产生不少矛盾，这就需要我们校长建立正确的指导思想，形成清晰的改革思路，及时为教师指点方向。比如：我校围绕"高效课堂"如何落实"有效备课"、"有效上课"等，需要我们校长主动给予指导，促进老师专业化成长。

三、善于协调，精诚服务

新课改工作千头万绪，是一项牵动各个部门和每个教职工的工作。因此，校长在做好宣传、组织、指导的同时，要协调好学校与教育行政主管部门的联系；协调好学校行政与教师、教师与教师、教师与学生、学校与社会、学校与家庭各方面的关系，营造一个良好的课改氛围，保证所有的力量都在为课改的顺利实施服务，整合多方力量，以达到事半功倍的效果。校长要采取教研交流会、办公例会、小型讨论会、个别交流等多种形式，促进各个部门和成员之间的沟通和交流，保证新课改在一个和谐的内部环境中运行。在实施课改过程中，校长应努力为课改创造良好的条件，对教师培训、课改研究、校本课程开发、课务安排、教师学习时间和空间调整、设施设备的添置、教师外出学习等，进行协调并提供必要的服务。校长不能忽视与校外各种力量的沟通和交流，尤其是社区和家长在课程改革中的地位不断提高，在其作用得到进一步认识的情况下，校长要注意与他们的沟通和协调，争取得到他们的支持，为学校课程改革创造一个良好的外部环境。此外，校长还要注意协调校内教师与校外教育专家之间的关系，得到他们的指导是顺利进行课改的一个有利条件。

课程改革是一个创新的过程，探索的过程，对每个教育工作者来说，都是在挑战自我、发展自我、超越自我。教师在课程改革工作中会遇到许多前所未有的问题，甚至要忍痛放弃自己多年形成的教学风格。因此工作压力比较大，思想包袱比较重，为此，校长要学会大度、大气，能容下人、容下事。要善于发现每位教师的闪光点，挖掘教师作为课程资源的潜能。对教师在课程改革中存在的问题要具体分析，要善于帮助一线教师寻找解决问题的对策，鼓励教师大胆探索，勇于创造，营造一种积极向上的文化氛围。应本着以人为本的管理理念，了解教师和学生的需要，满足他们的需要，调动他们的积极性，促进他们的发展与提高。要充分发扬民主作风，重视发挥每个人的潜能，在工作中充分发挥全体教师的积极性和创造性，做到集思广益、刚柔并济，既有一定的规章制度，又留有一定的空间；既要正确行使权利，又要利用人格魅力，努力为学生创造良好的学习环境、为教师创造舒适、融洽、宽松的工作环境，使教师的积极性得到充分的调动，在新课改中实现自我价值。

四、努力探索制度创新，当好新课改模范

每一项改革，都必须有相应的制度来规范，新课改也必须要有一个相适应的教学管理制度来支撑和保障，使学校的课改工作有序进行。因此，与本次课程改革相应的一项重要任务就是探索制度的创新。这个过程中，校长必须努力成为创新的模范。创新，是一个民族发展的不竭动力。没有创新就没有发展；没有创新，就不可能革旧的体制的命。创新也是校长必备的素质。我们都听过和尚挑水的故事：一个和尚挑水吃，两个和尚抬水吃，三个和尚没水吃。庙里没水吃，这事不能怪和尚，只能怪庙里的方丈，在和尚增多的过程中，方丈的管理没有与时俱进。如果方丈令三个和尚都挑水，并且规定任务给予奖励，庙里肯定有水吃；如果方丈让三个和尚接力挑水，和尚们谁也偷懒不成，庙里的水缸就不会缺水。不管是“激励”还是“接力”，后两种挑水方式就是创新，而创新的直接效果是改变现状、提高工作效率和质量。只有大胆创新，才能正确把握现在，才能成

功开拓未来，才能步步领先，不辱使命。

在实施新课改过程中需要创新的制度涉及方方面面。学校教学管理制度的创新是一个十分艰难的过程，它涉及多方面的因素，校长必须知难而进，勇于探索，在探索中逐步建立起完善的民主、科学的决策制度。这样，才能充分调动各方面的积极因素参与学校新课程的管理、实施和开发，才能充分发挥学校全体教师的创造潜能，有效地整合学校人财物资源，使学校课改工作有序、高效地运行。

总之，新的课程改革需要校长的积极参与，同时，新课程改革也必将促进校长的成长。只要校长在新课程改革中当好领头羊，发挥应有的职能作用，新课程改革就一定能顺利推进。

“扬长教育”理念下
普通高中的特色发展模式研究

一、研究背景与意义

1. 课题提出的背景

《国家中长期教育改革和发展规划纲要（2010—2020 年）》（以下简称《纲要》）对高中教育提出：“推动普通高中多样化发展”，“推进培养模式多样化，满足不同潜质学生的发展需要”，“鼓励普通高中办出特色”。当代我国的基础教育改革是中小学学校特色发展的一个宏观教育背景；《纲要》为高中教育特色发展明确提出了政策要求。学校特色发展，做到学校有特色，教师有专长，学生有特长，是新时期学校教育教学发展的要求，是学校回归教育本质，实现学生个性发展的必然追求。

2. 研究意义

通过“扬长教育理念下普通高中的特色发展模式研究”，更新教育理念，重新学习，重新建构全新的教育观、人才观、教师观、学习观、教学观、教材观、课程观，带动我校全方位的教育教学改革，推进我校素质教育向纵深发展，营造一个能使学生学会负责、学习、生活、发展的良好育人环境。在全体学生都达到国家规定的基本要求的前提下，充分发挥每一个学生的能力专长和个性特长，因材施教，使每个学生学有所长，使我校的教育既适应经济建设的需求，又适应学生全面发展的需求，最终达到培养合格人才的目的。激活我校干部、教师、学生等各个方面的主动性和积极性，使他们潜在的创造能力得到充分的发挥，提高学校教育整体优化的水平，全面提高学校教育质量和办学效益，从而促进我校教育教学品位和学校管理水平的整体提高。同时，积累经验和成功样式，为同类普通高中的特色发展提供参考。

二、理论基础与依据

（1）以《纲要》提出的“推动普通高中多样化发展”、“鼓励普通高中办出特色”、“树立多样化人才观念，尊重个人选择，鼓励个性发展，不拘一格培养人才”等理念为依据。

（2）教育发展的客观规律。例如：教育必须适应社会、经济发展的需要，教育工作要符合学生身心发展规律，因材施教等，这是形成“特色发展”的教育科学理论依据。

（3）多元智能理论：美国哈佛大学教育研究院的心理发展学家霍华德·加德纳（Howard Gardner）在1983年提出了多元智能理论，该理论以探究人类潜能的本质与实现为目的，突破了传统智力理论的狭隘认识，认为人类的智能是多元化的，即语言文字智能、数学逻辑智能、视觉空间智能、运动智能、音乐旋律智能、人际关系智能、自我认知智能和自然认知智能。

（4）当前基础教育改革的先进理念：教育教学要实现使每一个学生都获得发展，获得成功；教育要使学生获得全面、均衡、和谐的发展；教学要使学生积极主动地进行探究式学习的转变，真正体现学生的主体性和主动性。

三、核心概念界定

扬长教育：是指教育者通过发掘学生身上积极因素并进行鼓励、培养，使其产生学习兴趣和自信心，通过长期的良性积累，形成稳定的个性心理品质；通过发展个性特长促进学生整体素质提高，使学生真正成为“合格+特长”的有用人才。这里的“长”包括特长，更多的也可能是学生身上的某些闪光点或优点。

特色发展：是指在党的教育方针的指导下，遵循教育规律，适应社会发展要求，充分发挥本校优势，确立个性化育人目标和办学思路，通过独特的科学的管理和教育教学方式，激活学校干部、教师、学生等各个方面的主动性和积极性，使他们潜在的创造能力得到充分的发挥，提高学校教育整体优化的水平，全面提高学校教育质量和办学效益。

四、国内外研究述评

关于办学特色研究，美国等发达国家早在20世纪60年代就着手研究多样化、特色化的办学模式，从而推动了这些国家基础教育的迅猛发展。从国外特色化教育的经验来看，其基本目标就是使教育更多地尊重与培养学生个性，实现学生个性化、多样化、特色化的发展；其特色教育的基本做法就是利用多样化、具有可选择性的教育教学活动来改造传统千篇一律的、不可选择的、以班级授课和高度统一的教育教学要求为基本内容的教育教学活动，使学校的教育教学活动具备多样性和可选择性的特征。

从国内学校特色发展情况来看，我国的华东等地在20世纪80年代初开始探索多样化、特色化的办学模式，并逐步形成了各自的办学特色体系。90年代末至今，全国各地每年均在召开办学特色专题研讨会，并产生了不少理论成果。近年来涌现了一批深具办学特色的学校，这些特色学校的特色主要体现在以下几个方面：总体上的特色，如治学方略、办学理念、办学思路；教育上的特色，如教育模式、人才特色；教学上的特色，如课程体系、教学方法以及解决教改中的重大问题等；教学管理上的特色，如科学、先进的教学管理制度、运行机制等；教风、学风、校风等方面的特色等。也就是说，大多特色学校是根据自身具体情况，从不同方面，用不同方式，形成了各自不同的特色。

五、本研究的创新及研究假设

1. 本研究的创新价值

通过对本课题的研究，探索出普通高中的“规范＋特色”发展、学生“合格＋特长”发展的基本思路和具体措施。在“深圳质量”理念的引领下，把资源优势转化为办学优势，建立普通高中独特的适应时代发展，学生发展，教师发展，社会各项事业发展的多元化人才培养模式。努力创造条件、挖掘潜能，在学校内部形成有利于学生个性的多样化发展的教育环境，促进学生和谐而富有个性地发展，成就不同智能水平的学生实现人生理想。实现学校办学思想、管理体制、教育教学管理、教学改革、校本课程体系、师资建设等各个领域在特色发展方面互相配合，优化组合，形成整体性的办学特色。

2. 本研究的研究假设

在规范化办学的前提下，根据学校自身的实际情况，以素质教育与新课程实验的先进的教育教学理念为指导，在教育思想、培养目标、教育教学管理、课程体系（包括校本课程）及其内容、师资建设、教学方法，以及学校文化、环境、设施等诸要素相互配合下，通过学校教育教学的日常活动，实行优化组合，形成独特的、稳定的并带有整体性的个性风貌，最终形成办学特色，实现学生、教师、学校的发展。

六、研究目标及内容

1. 研究目标

探索普通高中独特的适应时代发展、适应学生发展、适应教师发展、适应学校发展、适应社会各项事业发展的多元化的教育模式，形成有学校特色的管理文化、教育样式、校本课程体系等特色项目，优化组合，形成整体性的学校特色。提高学校的综合办学实力，树立良好的公众形象，同时为普通高中的特色发展积累经验教训和提供成功样式。

2. 研究内容

（1）构建“扬长教育”下的“规范＋内涵＋特色”的管理模式。

（2）形成全新的高中特色发展的办学理念。

(3) 构建有本校特色的德育体系。

(4) 构建有本校特色的科技、艺术、体育体系。

(5) 建设富有特色的师资队伍。

七、研究思路及原则

1. 研究思路

遵照党的教育方针、《纲要》、素质教育和新课程实验的基本要求，依据当地经济建设、社会发展和学校的实际情况，确定本校的办学理念和育人目标，提出并探索与目标对应学校的管理体系、教育样式、校本课程体系、师资建设途径整体优化，彰显个性化的学校文化，形成学校特色，促进学校特色发展。

2. 实施的原则

(1) 科学性原则。

(2) 普遍性原则。

(3) 个性化原则。

(4) 整体性原则 。

(5) 针对性原则。

八、研究方法

(1) 文献研究法。

(2) 调查研究法。

(3) 实验研究法。

(4) 行动研究法。

(5) 经验总结法。

(6) 逻辑分析法。

九、课题实施步骤

第一阶段：提炼和凝练特色（2011.9~2011.12）。

第二阶段：制订方案和确定子课题（2011.12~2012.6）。

第三阶段：实施方案（2012.6~2013.6）。

第四阶段：总结提高（2013.6~2013.11）。

第五阶段：结题（2013. 12）。

十、课题分工

黄少波：负责课题的人员组织、负责制订课题实施方案，召开立项课题开题会。

梁洪伟：负责将课题研究中遇到的重大问题，及时地向科研管理部门逐级汇报，取得课题主管部门的指导意见。

唐争艳、仲明志：负责提炼学校办学思想、确立管理体制、制定教育教学管理制度、师资建设、外显环境建设等方面，彰显我校特色。

蔡寅斌：定期组织召集课题组全体人员进行课题研究、交流，做好课题研究阶段性总结，提出下一阶段研究任务，保障课题研究落实到位。

陈坚：负责德育资料收集和成果分析，提炼出我校的德育特色。

蔡金海：负责科技教育资料收集和成果分析，提炼出我校的科技教育特色。

周景光：负责体育资料收集和成果分析，提炼出我校的体育教育特色。

钟君：负责艺术教育资料收集和成果分析，提炼出我校的艺术教育特色。

许楚城：参与制订每阶段课题研究计划，撰写课题研究的阶段性报告。

张媛：撰写开题报告，负责资料整理、汇总、管理。

杜彬：撰写结题报告，负责资料整理、汇总、管理。

十一、预期成果

（1）特色管理制度汇编。

（2）德育特色教育规范和案例汇编。

（3）科技、艺术、体育特色案例汇编。

（4）普通高中学校特色发展的相关论文。

（5）研究报告。

优质学校建设研究[①]

一、国内外研究现状评述及课题提出

20 世纪 80 年代以来，在全球范围内出现了一场以有效学校、开放学校、多元智能学校、成功学校等为特征的“学校重建”（school reconstructing）运动。与此同时，在我国也进行了一场以“素质教育”为核心的教育改革运动。这两个运动的核心都是为了提升学校品质，为社会提供更多的优质教育资源。“优质学校”、“优质学校建设”和“优质教育资源”概念被广为使用，邬志辉等人认为优质学校不仅表现为一种结果，更表现为一种能力、机制和精神，其内涵不只在于结果，更在于过程。台湾师范大学张明辉认为“优质教育”是一种扎根教育，目的是让学生都能就其资质，尽其潜能地发展，把学生的“潜能性”化成为“实在性”。

如何建设有利于学生、教师主动和谐发展的优质学校，促进学生健康成长，是学校自身可持续发展的内在需要，也是社会发展对学校教育的必然要求。关注一切学生，建设能激发学生自我成长，自我发展的优质学校也是和谐教育、和谐社会的必然要求。要让我们的下一代健康成长，主动发展，把他们培养成为构建和谐社会的高素质的劳动者和创造者，就需要创建优质学校。

我校选定优质学校建设研究这一课题，就是要不断优化教师队伍，优化育人环境，优化教育方法和手段，不断完善办学条件，提高办学水平，把我校建设成可持续发展的优质的教育平台，为整个汕尾区域教育发展提供更多经验和更大的动力。

① 本文作者为汕尾市林伟华中学校长陈世炯。

二、研究的价值和意义

在实施素质教育特别是推进课程改革的背景下，研究优质学校建设具有重要的意义和多元价值：本课题研究直指优质学校的建设与提升，对突破汕尾教育发展的高原现象，全面打造汕尾教育品牌具有重要的实践意义。

三、课题研究的目标

（1）着力建设优质学校，探求优质学校建设的基本路径。

（2）以优质学校建设为载体，推动我校（汕尾市林伟华中学）的发展，并进一步推动汕尾区域教育整体提升（学生全面发展、教师整体优化、学校不断攀升，优质学校占比逐步提高）的可操作化程序和措施。

四、课题研究的内容

（1）优质学校建设的基本路径研究。

（2）优质学校建设推动区域教育整体提升的操作化程序和措施研究。

（3）优质学校建设的个案研究。

五、本课题的研究方法

本课题研究主要采用案例研究法、行动研究法、文献研究法、比较研究法、调查研究法等。

六、研究策略

1. 环境育人

绿化、净化、美化校园环境，使校园成为学生健康成长的乐园，用富有文化内涵的校园环境潜移默化地对学生进行教育。“桃李不言，下自成蹊”，环境是一门隐性的教育课程。创建健康向上的校园文化氛围，使学校成为弘扬正气、团结友爱、生动活泼、秩序井然的精神文明基地，有效促进学生的品德向正确的方向发展。

2. 提高学科教学的质量

使德育工作做到制度化、经常化、系列化、多样化；加强学科教学的质量，强化教师的主人翁意识；加强师德教育，强化基本功学习，全面提高教师综合素质；关心青年教师的成长，给青年教师“出点子、压担子、搭台子”，鼓励人人争当“名师”；坚持以教学为中心，重视过程管理。学校要求教师善于调动每一个学生的学习积极性，力求营造既不专制又不放任的轻松愉快、民主平等的课堂气氛，把学生的被动学习变为主动学习，提高教学质量；加强科研研究力度，通过课题研究，渗透教研活动，完善档案建设，充实教科研资源，提高教科研工作实效性，为学校创建优质学校添砖加瓦；搞好与德育有关的活动，活动是载体，学校要根据学生兴趣爱好及特长需要，加强各功能队、兴趣小组的建设，让学生在活动时有尽情发挥自己兴趣、特长的场所；采取多种措施，对学生进行艺术教育，弘扬民族文化，帮助提高学生的语言能力、逻辑思维和实践应用能力，促进学生素质的全面提高。叶圣陶先生说：“教育是什么，往简单方面说，只需一句话，就是养成良好的习惯。”养成教育虽不是德育的全部，但却是德育中最“实”的部分，是看得见、摸得着的，是德育的“质”的指标。学校强调养成教育，规范学生的行为，培养其良好的礼貌、卫生习惯，增强其安全意识。升旗仪式、广播操等学校作为重要的表现内容和形式，做到协调有序、整齐划一、规范优美，最大限度地发挥整体效应，形成生动的集体形象，保持天天向上的进取精神。

3. 优化办学条件

创建有丰富思想内涵、知识艺术内涵的校园文化；办学条件现代化，积极争取和筹集资金，改善办学条件，优化教学手段，提高教科研工作的实效性；加强信息化建设，引进现代化教学手段，重视培养教师的信息化意识，提高教师搜集和处理信息的能力；实现校园网络化，以校园网站建设为突破口，建成涵盖所有学科的资源信息库，充分发挥电子阅览室的作用。

七、研究阶段

本课题从 2011.01～2012.01，全程时间为 1 年，分四个阶段。

（1）课题申报（2011.01～2011.02）：拟订研究方案，完成《申报评审书》的填写。

（2）实施阶段（2011.02～2011.04）：课题的论证会，开题报告，制定课题研究计划并实施，撰写相关论文和调查报告。

（3）中期论证（2011.04～2011.11）：进行阶段性检查和总结，调整和改进下一阶段研究工作，撰写中期研究报告，实验资料、论文汇编、相关资料汇编。

（4）结题鉴定（2011.11～2012.01）：进行资料收集、汇编，完成结题报告及相关资料的呈现。

八、研究能力及科研保障

1. 研究能力

主持人：陈世炯

成员：雷霆生、彭家运、彭小流、黄咏志、吴志谋、陶波

本课题主持人陈世炯校长，研究生学历，是广东省2006年初中校长高级研修班“优秀学员”，是广东省“南粤优秀校长”，广东省教育学会管理专业委员会理事。在第六届广东省中小学校长论坛征文活动中获一等奖，在广东省第十一届学术年会撰写论文获二等奖，在第二届广东省中小学校长办学思想论坛中获优秀奖。一直以来笔耕不辍，撰写、发表过多篇教改和管理方面的论文，如2008年3月15日汕尾日报·教育周刊第2版《锐意改革闯新路》；2008年9月20日汕尾日报·教育周刊第1版《雏鹰羽翼丰 振翅击长空》；《艰苦创业 争创一流》发表于《教改成功之路》；《学校发展必须走改革创新之路》发表于《南粤优秀校长谱》；《走出误区 全面推进素质教育》发表于《用理论指导改革实践》；《创业，没有休止》发表于《文苑奇葩》；《以党的“十五大”精神为动力 艰苦奋斗办好一中》发表于《社会热点问题析录》等。陈世炯校长不仅在学校管理方面有独到的方法，非凡的魅力，而且热爱教育教学科研，有极强的科研能力和组织能力。

另外参与此课题研究组的主要成员是学校副校长、办公室主任、教导主任、骨干教师，均具有较强的科研能力，每一位成员都在市级以上报刊发表过教研论文，课题组成员之间的知识结构具有较强的互补性，能够充分合作，形成团体的凝聚力。

2. 时间保证

此项课题研究将纳入学校教育工作中，与学校校本教研、师资培训等

工作相融合，每1个月进行一次实验交流，每学期进行一次小结。

3. 经费保证

学校对教科研工作十分重视，在经费上给予保障，进一步营造浓郁的科研氛围，抓实科研过程管理，加大教师培训力度，完善科研考核机制，保证课题完成。

营造校园心理环境的实践与研究①

一、课题研究的背景、意义和价值

1. 课题研究的背景

目前，我国的许多中小学都在探究校园心理环境的实践工作，但大多数的中小学只是从校园物质建设来营造优美的校园环境，而对学生精神建设方面关注较少，也不够全面。

心理环境指人脑中对人的一切活动发生影响的环境事实，也即指对人的心理事件发生实际影响的环境。这是德国心理学家K. 勒温提出的拓扑心理学中的一个基本概念。勒温以“实在是有影响的”这一原则为标准，认为不管是人意识到的事件，还是没有意识到的事件，如果它们成为心理的实在，都可影响人的行为。而所谓校园心理环境是指在学校对教师和学生产生了心理影响的社会、经济、自然和人文等环境因素，即指在校园这个特定的环境里被反映到教师和学生的心理世界中来，又以某种观念形态出现的环境，我们称之为校园心理环境。这种观念的形态一般以学校群体

① 本文作者为潮州市松昌中学校长陈忠然。

活动的目标、规范、内聚力和认同感等心理现象呈现，它不仅影响着校园内的每一个人的思想，而且控制着集体活动的水平和成效。因此，良好的校园心理环境是提高学校办学水平的重要条件。

2. 课题研究的意义和价值

随着社会竞争的日益加剧，“人才竞争”、“素质教育”的呼声越来越高，能适应于新世纪竞争的人才，需要在生理素质、心理素质、社会文化素质三方面全面发展、和谐统一。马克思曾经说过：“人创造环境，同样环境也创造人。”环境塑造人的心灵，学生生活在由社会—校园—家庭构成的多重环境中，但学生的多数时间在学校，所以校园心理环境对学生的心理健康影响尤其重要。心理健康教育的最高境界是无心理健康教育。无，并非没有。而是在学生生活、学习和每一个角落都渗透心理健康教育。无中包含万有，有中又无刻意与雕饰。我们作为教育工作者，有义务尽力为学生们营造更积极、奋进、和谐、健康的校园心理环境，开发学生多项潜能，为学生潜在或公开地渗透某些思想和价值标准，使学生各方面的心理素质得到提升，使学生在不知不觉中接受教育，并能够最终成为对社会更有用的后备人才。

这一课题的研究具有很强的现实性和实践性，通过大家的积极探索形成内容丰富多彩、形式多种多样的校园心理环境，进而对学生起到积极的意义。

3. 课题的界定

（1）本课题所说的“校园心理环境”，主要指学校的学风、班风、心理辅导服务、社团活动等。

（2）本课题说到的“营造”，是指在原有基础上进一步地完善和建设。

总之，本课题研究的是：如何通过课堂、班集体、心理辅导室、社团等多种媒体，从精神文化建设方面，探索出如何建设更能使广大高中生获得更大收益的校园心理环境。

二、课题研究的目标和主要内容

1. 课题研究的目标

（1）探索如何营造从精神建设方面使学生更好成长、得到更大提升的校园心理环境，使学生在学校学习生活中身心获得更大收益。

（2）为我校学生营造积极、奋进、和谐、健康的校园心理环境。

2. 课题研究的主要内容

本课题使用观察、调查、实验等方式，通过科任教师课堂教学、班主任班会课教育、心理老师心理健康教育、社团活动等多层面的不断实践探索，旨在从精神建设方面，探索出如何建设更能使广大高中生获得更大收益的校园心理环境。教师的人格魅力是课堂的魂，教学方法是课堂的魄，教师在课堂上的一言一行都可以带给学生潜移默化的影响，使其在课堂认真学习过程中增强自信、开发潜能；班主任是一个班级的引导者，短小精悍的班会课如同心灵鸡汤，引导学生建立正确的学习目标，形成合理的学习动力，培养正确的人生态度和价值观；心理辅导室通过个别咨询、团体辅导、心理体制、宣传海报、心理讲座、心理活动等形式为学生营造一个轻松、丰富的心理环境；学校通过团委会、学生会、星火社、文学社、吉他社等社团，为学生提供丰富多彩的校园生活，使学生心理素质发展更全面。

本课题研究内容主要围绕以下几个方面：

（1）以生为本，提高课堂教学效率和学生学习积极性，培养学生较高的学习兴趣，使学生能够从学习中获得价值体验。

（2）构筑既符合素质教育要求又带有教师特色的高效、有创新性的课堂教学方式和师生交流方式。

（3）探索提高学生自制自律的方式、方法和途径，构建轻松和谐的班集体。

（4）构筑学生—家长—学校良好交流的畅通途径。

（5）培养学生与心理辅导室交流的可信任信使，能够借由心理委员传达心理理念，消除学生的某些顾虑。

（6）通过多种途径传播心理知识，达到预防、预警、干预的目的。

（7）探索学生自我管理的方式、方法和途径，筑造属于学生自己的优秀社团。

（8）通过形式多样、内容丰富的各种社团活动，为广大学生提供一个丰富多彩的校园生活。

三、课题研究的原则、方法和实施

1. 本课题研究的原则

（1）全面性原则。

研究教师如何在课堂教学、教育中面向全体学生，如何全面提高学生的全面素质。

（2）主体性原则。

教师在进行课堂教学、教育时要以学生为主体，从学生的角度出发制定教学策略、选择教学方法、设计教学方案、组织教学过程。课堂教学中要引导学生主动学习，重视培养学习能力、动手实践能力和创新精神。在班主任工作中要体现教育的民主性、科学性和实践性。

（3）发展性原则。

教师的教育应关注学生的全面发展，以促进学生素质的全面提高和可持续发展为出发点和落脚点，使学生得到最大限度的发展。

（4）渗透性原则。

教师在课堂教学中要做到教书育人，关注学生正确价值观的形成，在学科教学中有机地进行思想品德教育，文以载道，在潜移默化中提高学生的思想道德素质。

（5）最优化原则。

最优化原则是在教育过程中全面考虑学生的最大利益，为学生服务，以达到教育学生的最佳效果。

2. 本课题的研究方法

本课题研究具有很强的现实性和实践性，各成员要紧密结合学校教学、教育实际，以科学的研究方法，通过观察分析和理性思考，边探索，边研究，边总结。

第一，通过查阅文献资料，全面把握近二十年营造校园心理环境的历史进程、研究的重点和热点问题，以及经验与不足。从而使课题研究有一个较高的立论点。

第二，调查研究。通过对教师观念、教学行为（包括观念、经验、教学特色与存在问题）与教育方式的分析，采用包括问卷、座谈等方式，有目的地搜集能反映学生关于活动实施情况的资料加以研究，加强研究的现实性和针对性。

第三，观察学生在方案实施过程中的行为变化和情绪变化，并记录在案加以分析研究。

在理论假设的引导下，有步骤地操作，以获取第一手资料加以研究，在实施过程中修正总体设计并总结提升。细言之，在课题实施的每个阶段，经过每一次活动，活动的设计与落实及学生实验的反馈，用以反思、总结、完善活动设计。学校在整体推进时注重过程管理，注重经验教训的积累，形成科学的整体推进策略。

总之，坚持理论研究与实践探讨相结合，实证研究与专题研究、典型研究与个案研究相结合，强调重点，突出特色，以保证研究的合理性及实践效益。

为了更好地开展课题研究，特成立课题组。

课题组负责人：黄伟锐；课题组成员：吴文敏、蔡华膺、黄小纯、陈锟、蔡旭生、许伟杰、李煜玲。

3. 课题研究各阶段任务

（1）确立课题（2010.09）：提出初步构想，组建课题组，报上级科研部门批准。

（2）准备课题（2010.09～2010.10）：设计学生调查表，根据分析结果，制订具体的实施方案，整理学习与课题相关的理论。

（3）实施课题（2010.10～2012.10）。

第一阶段（2010.10～2011.01）总结以往经验，制定初期实施方案：

第一步，调查了解学生的需求：①借助心理委员通过调查问卷的方式了解学生的需求；②利用班干部了解学生的想法。第二步，制定初期实施方案：①科任教师学科课堂教学渗透——通过作业的方式传达教师的关注、课堂上通过语言暗示引导学生。②根据各班情况开展不同的主题班会；③通过宣传海报、心理讲座方式宣传心理知识；④培养社团干部，管理社团工作。第三步，通过调查表和观察，调查学生反馈。第四步，反馈总结。

第二阶段（2011.02～2012.08）制定实施方案，营造校园心理环境：

第一步，宣传发动，开展各项工作：①科任教师学科课堂教学渗透——通过作业的方式传达教师的关注、课堂上通过语言暗示、言语举止、积极鼓励等方式引导学生；②根据各班情况开展不同的主题班会，培养学生集体荣誉感；③通过宣传海报、心理讲座、团体辅导、心理活动等方式宣传心理知识；④招收新社团干部，培养新的干部，观察社团干部的行为、情绪变化。第二步，推进一步，强化效果：根据学生的反映，加强校园心理环境精神建设。第三步，通过调查表和观察，调查学生反馈。第四步，反馈总结：①老师反馈：学生变了；②谈感受，总结得失。

第三阶段（2012.09～2012.10）整合阶段：

整合汇集科任教师、班主任、心理委员、社团干部等方面收集到的资料，总结经验，分析各因素对高中生各方面心理素质和行为变化等的影响。

（4）结束课题（2012.10～2012.12）：整理归纳课题资料，撰写结题报告，准备结题——收集、整理子课题结题报告；撰写总课题结题报告。

四、课题成果

课题成果将以论文、教案、课堂实录的光盘等形式呈现。

结束语

本课题作为一项行动性教育实验研究，需要把教育科学研究与学校实际工作结合起来，同时需要学生积极的参与、配合，研究方法要科学，管理措施要有效，以保证顺利推进课题研究。课题研究还需要上级对参与课题研究的教师给予充分支持，经费给予保障，确保课题的顺利实施。

参考文献：

［1］吴禹春. 随风潜入夜，润物细无声——营造校园心理环境的实践与探索［J］. 中小学心理健康教育，2005（2）.

［2］黄希庭. 心理学导论（第四章 心理的环境基础）.

［3］吴艳珍. 营造校园健康心理环境的实践与研究.

［4］马卫国. 构建良好的课堂心理环境［J］. 河北教育，2006（10）.

［5］中国教师新百科. 小学教育卷［M］. 北京：中国大百科全书出版社.

［6］张海英. 优化学习心理环境，营造有效语文课堂.

［7］薛家云. 教学中师生交往的心理动力探析［J］. 中小学心理健康，2003（9）.

［8］朱智贤. 心理学大词典［M］. 北京：北京师范大学出版社.

［9］刘福. 优化课堂教学心理环境提高教育教学质量［J］. 教育探索，1999（5）.

班级自主管理的理论与实践[①]

一、研究背景及意义

《中共中央国务院关于进一步加强和改进未成年人思想道德建设的若干意见》明确指出："高度重视对下一代的教育培养，努力提高未成年人思想道德素质，是我们党的优良传统，是党和国家事业后继有人的重要保证"，"未成年人思想道德建设的主要任务是：……从规范行为习惯做起，培养良好道德品质和文明行为。大力普及'爱国守法、明礼诚信、团结友善、勤俭自强、敬业奉献'的基本道德规范，积极倡导集体主义精神和社会主义人道主义精神，引导广大未成年人牢固树立心中有祖国，心中有集体，心中有他人的意识，懂得为人做事的基本道理，具备文明生活的基本素养，学会处理人与人、人与社会、人与自然等基本关系。从提高基本素质做起，促进未成年人的全面发展。努力培育未成年人的劳动意识、创造意识、效率意识、环境意识和进取精神、科学精神以及民主法制观念，增强他们的动手能力、自主能力和自我保护能力，引导未成年人保持蓬勃朝气、旺盛活力和昂扬向上的精神状态，激励他们勤奋学习、大胆实践、勇于创造，使他们的思想道德素质、科学文化素质和健康素质得到全面提高。"由此可见，初中教育一方面必须加强德育规范管理，另一方面必须促进学生自主发展。

现代德育观念强调开发学生的自育潜能，唤发学生的主体性、能动性、积极性，注重学生的自主发展、自我完善、自我教育。初中生自主意识强，接受与评判能力不够高，这就对学校德育工作提出了更高的要求。

① 本文作者为汕尾市陆河县螺溪中学校长叶初迎。

现代教育最重要的特征之一是张扬人的个体性，追求个人全面发展，充分发挥每个人的主观能动性，以取得最大的效益和最高的发展。深入开展德育理论与实践的研究，促进德育工作者转变观念，冲破经验束缚，使德育工作常教常新，努力培养具有自觉能动性和创造性的人才。

我校是一所初级中学，学生2300名，教师116名。近几年来，学校一直坚持以人为本，以一切为了师生的进步和成长为办学理念，以促进学生自主发展为主题，进一步明确了学校的核心培养目标，进一步拓宽了学生的培养途径，进一步深化了课堂教学改革，进一步加强了教师队伍建设，保证了每名学生在原有基础上学有所成，保证了每个家庭能够享受到教育带来的欢乐与自豪，学校真正实现了主动内涵式发展。力求探索并实践“砥砺内源，自主发展”的办学理念。这也是我们课题的创造性所在、价值所在，闪光点与突破点。众所周知，如何把“德育规范管理”与“学生自主管理”这看似矛盾的对立面有机地结合起来，真正实现“在规范要求的同时发展个性”的理念，是广大教育工作者必须攻克的难题。

二、课题研究的必要性

《国家教育中长期改革与发展纲要（2010—2020年）》明确指出：初中阶段教育是学生个性形成、自主发展的关键时期，对提高国民素质和培养创新型人才具有特殊意义。这说明初中教育不仅要以学生为本，而且要以学生发展为本，更要以学生自主发展为本。五年来，我们把促进学生自主发展作为办学的根本指导思想，主要是基于以下两点考虑。

1. 着眼班级管理现状

以前，我校班主任管理死看死守，全天候跟踪，使得教学质量有所提高。班级学生学习的多了，听课的多了，成绩提高了，但是班主任更加显现出精力不够，使得管理表面变化。学生的内心没有得到提升，管理表面化，学生没有发生本质变化，学习的持久性没有得到发展。唯有激发学生的自主发展潜能，才能积聚起强大的内源动力，所以改革势在必行。必须从自主管理入手，人为本，心为源，这才是改革的核心本质，只有这样学校的德育管理才能实现新的跨越。

2. 面向未来

当我们的学生走上社会的时候，都要独立地工作，自主地生活，初中作为基础教育的最高阶段和收尾阶段，只有更坚定地把自主性培养贯彻始终，才能真正实现为学生终身发展奠定基础的宏伟目标，把学校人渐进培养成为独立自主的社会人，这是学校教育最根本的任务。

几年来，我们紧紧围绕提高学生自主能力，进行了一系列的探索和实践。

在目标上，我们提出自主发展能力是我校学生的核心竞争能力；培养学生自主发展能力是我校的核心培养目标。每名同学都要有自己的人生规划。只有确立好目标，才能真正的向着自己的目标努力，才能产生源动力。

在内涵上，我们提出学生自主能力包括自主学习能力、自主实践能力、自主创新能力和自主管理能力，其中自主学习能力是核心，衡量学生自主学习能力的指标有五个：良好的学习习惯、强烈的求知欲望、坚韧的学习意志、主动的质疑精神和积极的课外延伸。

德育改革的根本任务是追求德育的三种境界，提高学生自主管理能力。所以，在操作上，我们强化了三种境界：第一，初级境界，行为规范养成教育。让学生形成科学的学习方式和健康的生活方式；主要从三个认真，三个文明，三个百分百，三个本子，三个延伸入手。第二，中级境界，动力教育。让学生形成积极向上的人生态度和顽强拼搏的自主精神。第三，高级境界，价值观教育。让学生形成正确的人生观和世界观。

在日常做事时，做事前，要全面看待问题，思考如何选择最优走向；做事中，要仔细对待问题，思考如何选择最佳方式；做事后，要审视自己办事的过程和效果，思考最合理的归因。

在班级管理中，实行班级自治；综合小组、班级民主管理、干部引领。班级自主管理的关键是教师适当放手，有效指导；班级自主管理的最高境界是学生不需要师长的看护，也能做得很好。

有一首歌唱道：有一种爱叫作放手，只有放手才能自主，只有自主才能发展，只有自主管理得精彩，才是管理的真正精彩。

在制度上，我们制定了五项规定：一是缩短教师讲课时间，增加学生自主活动量；二是控制学生作业数量，拓展其课余自主学习时间；三是避免结论直接传授，引导学生自主探究；四是严禁征订复习资料，指导学生个性发展；五是消减必修课时数，引导学生参加研究性学习。

经过几年的努力，我们已经建立起了自主教育的观念体系、操作体系和制度体系，自主教育已经深深地根植在我校这块土地上，变成群体认识，成为每个教师的自觉行为，学校初步形成了以自主教育文化为主体的学校文化，办学特色更加鲜明。几年的实践，我们更加坚定一个信念，那就是学生只有自主，才能决胜中考；学生只有自主，才能赢得未来；学生只有自主，学校才能出奇制胜。

三、课题研究的主要内容

（1）目标引领。对学生进行理想前途教育，树立自己的信念。

（2）激发学生自主发展的欲望、意识，主动意识。

以目标管理、责任教育、感恩教育、反思纠偏为主线。以感恩班会、学生干部培养、班主任放手管理、年级学生会、价值观教育为载体，周三、周五下午自主学习时间无人管理给学生留有空间，班干部队伍建设。

（3）日常运行机制（途径）。主要以养成教育为主线，三个认真，三个文明，三个百分百，日常做事三部曲。

（4）动力教育解决好学生的生命观、是非观、网络观、爱情观问题，解决好生活方式、学习方式和思维方式问题。

（5）明确自主教育中的自主不等同于自由。

顾名思义，自主管理是以学生作为教育的主体，通过学生独立的分析、探索、实践、质疑、创造等方法来实现管理目标，“自主教育”体现着“主体”所具有的“能动”品质；管理是“自主”的管理，“自主”是管理的本质，“自主性”是管理的本质属性。

“自主管理”就是管理主体自立、自为、自律的管理。管理的自立性、自为性和自律性是管理自主性的三个方面的体现，是“自主管理”的三个基本特征。其中，自立性是自主管理的基础，自为性是自主管理的实质，自律性则是自主管理的保证。这三个特性都说明了同一个思想：承认并肯定这一思想，对于改革矫正曾有的诸多不合理的教育教学手段、模式，从而探索创立崭新的教育教学手段、模式，无疑具有特别重要的现实功能和意义。

四、课题研究的方法与途径

1. 方法

在具体的操作实践中，我们将积极探寻一种适合我校的“初中学生德育规范管理与自主管理”的德育操作方法与模式，在强化实践、获得经验、提高教育效果方面下功夫。课题将采用“点面结合”的方式，重点组织三个项目分工、分期进行研究与实践。

（1）教育实验法。

教育实验法是本课题的一种主要实验方法，其要点是对被试的个体或集体的研究与课题组开展的教育和教学过程结合起来，从而研究学生在设定的教育教学活动的影响下，其行为规范或个性品质形成和发展的规律及其对良好人格形成的影响。

（2）观察法。

本课题在研究过程中均可采用观察法。观察法，就是有目的、有计划地观察中学生在一定条件下个性发展的变化，作出详尽的记录，然后进行统计处理。观察法可以长期有系统地观察，也可以根据具体研究内容在一段时间内观察被试者的思想表现。

（3）调查法。

调查法主要分为访谈法和问卷法。访谈法是了解学生思想活动的一种方法，因为言语是人的思想活动最重要的外部表现之一。访谈法一般是个别测定的方法，教师可通过谈话较详尽、真实、确凿地了解学生思想发展具体表现和有关细节，以便深入地研究问题。问卷法是把要研究的主题分为详细的纲目，拟成简易的问题，让学生据实答复，根据收回的答案经过统计处理或文字总结，分析判断学生思想现状以及教育效果。

2. 途径

（1）全面渗透在学校教育的全过程中。

在学科教学、各项教育活动、班主任工作中，都应注重对学生行为规范的教育，这是德育的主要途径。

（2）除与原有相关教学内容有机结合进行外，还可利用活动课、班团队活动，举办规范管理教育的专题讲座。

也可通过组织有关丰富多彩的游戏、娱乐等活动，帮助学生发展能力，培养综合素质，提高自主管理能力。

（3）建立学校和家庭教育沟通的渠道，优化家庭教育环境。

引导和帮助学生家长树立正确的教育观，使其以良好的行为、正确的方式去影响和教育子女。

五、研究计划和进度

1. 第一阶段：理论准备阶段（2011 年 6 月 ~2011 年 10 月）

（1）提高认识，转变观念。

对自主管理的课题研究，首先要提高课题组全体成员的思想认识，让他们拥有课题研究的热情，这是做好课题研究工作的基础和前提。为此，学校将对全体成员进行理论学习和讲座，通过学习、座谈、交流，使教师更加深刻地认识学生自主学习能力培养的紧迫性、必要性。这样就为我们课题研究打下了坚实的基础。

（2）围绕课题，学校将组织课题组全体成员学习相关材料、理论专著，邀请专家进行专题讲座，并且进行课堂录像分析，认真学习相关教育理论资料，明确课题研究的方向和重点。

2. 第二阶段：研究实践阶段（2011 年 11 月 ~2012 年 6 月）

（1）根据课题的重点，各班分别进行自主管理实践。

（2）分初一、初二、初三同时研究实践。

七年级开展养成教育为主线：以规范养成教育作为德育的基础。我们把中学生守则、中学生日常行为规范校本化为三个认真：认真听课、自习、作业；三个文明：语言文明、服饰文明、行为文明；三个百分百：上课抬头率 100%、作业及时上交率 100%、自习低头率 100%；三个本子：纠错本、作业本、听课笔记本；三个延伸：延伸到八小时以外，延伸到社区家庭，延伸到薄弱班级课堂。加强对三个认真、三个文明的考评，实现三个认真、三个文明具体化、可操作、能落实，确保三个认真、三个文明向纵深推进。

八年级开展动力教育为主线：我们把目标管理作为动力教育基本起

点，用目标引领学生自主发展；把责任教育、感恩教育作为动力教育基本过程，让学生学会承担，学会感恩；把心理健康教育作为教育的基本保证，让学生会自我调节。

九年级以价值观教育作为最高境界，用社会主义价值观武装自己的头脑，解决好信仰问题；加强理想、前途教育，解决好为谁学习，为谁活着的问题；加强是非观念教育，明确善恶、美丑、对错，解决好爱情观、网络观、生命观、法制观、道德观的问题；推动学习方式、生活方式、思维方式转变，引导学生健康地生活、高效地学习、创新地思维；关注行为偏差生、心理偏差生、道德偏差生、学业临界生、学科缺腿生等五类学生的发展。

3. 第三阶段：实施深化推广阶段（2012 年 7 月 ~2012 年 12 月）

（1）对自主管理的经验进行收集，更新，积累。

开发德育的校本课程，进一步完善以《学生自主发展手册》为主线的反思课程；进一步完善以《班主任自主发展手册》为主线的班主任培训课程；进一步完善以《我们如何做学生》为主线的学生励志课程；进一步完善以《学生干部工作实务》为主线的学生干部的培训课程；进一步完善以《自主教育》学生版为主线的社团课程。

（2）课题研究成果延伸。

探索德育的发展评价。对于班级，评选放心班级、优秀班级、示范班级；对于班主任，评选合格班主任、优秀班主任、功勋班主任；对于学生，评选校园十星、优秀学生、时代先锋。

4. 第四阶段：评价验收阶段（2013 年 1 月 ~2013 年 6 月）

召开课题成果筹备会，收集整理研究成果，提出结题验收申请，并形成结题报告上交课题组。

六、课题组研究机构和成员分工

组长：叶初迎

副组长：叶双贵、彭汉洲、叶阳城

主要成员：叶锋洒、叶石新、叶国轩、叶易范、聂建安、庄景超、叶娘胜以及全体班主任

关于加强普通高中德育工作实效性的探索

思想是行动的种子，德育工作应走进学生的心灵。学生良好的思想品德不是自发形成的，必须遵循一定的渠道去引导，学校的德育目的、任务只有通过一定的途径才能完成和实现。重不重视、善不善于利用各种德育途径是关系到德育工作能否落到实处的关键性问题。下面结合布吉高级中学实际，谈谈如何有效地发挥德育工作的实效性。

一、构建平安和谐校园，全员参与德育

1. 责任心是安全之魂，标准化是安全之本

随着素质教育的全面推行，安全教育也成为学校的一门必修课，尤其在当前社会形势下，安全工作在学校中显得头等重要，在多年的教育管理过程中，我认为除了要从法律的高度，依法进行管理外，更多地还要从责任心来加强落实。

（1）学校的安全管理要和家长联合。

我校在每个新生报到的时候都和家长签订一份安全责任书，告诫家长要注意学生的安全问题；每一个走读的学生都要填写一份走读的申请，还要由家长签字及签署途中安全自负的温馨提示。

（2）校内加强学校安全工作长效机制。

构建强有力的管理机构和工作队伍，构建科学的安全事故防范体系、安全工作责任体系、安全教育体系、安全常规管理和考核评价机制，立足“安全第一，预防为主”的安全管理方针，才能使学校安全工作全面、协调、可持续发展。作为校长要认识到学校安全工作长效机制的建立是动态

的，随着工作的发展应该不断地充实和完善。

（3）做好每个学生的思想工作和纠正学生的不良行为习惯是关键。

许多安全事故来源于学生某方面思想认识的不足和偏激，或者是一些不良行为习惯的演化所致，这就要求我们每个教育管理者，要力图去把握每个学生的行为动向和思想苗头，细心去发现，耐心去工作，纠正这些学生的不良行为习惯和做好学生的思想工作。

学校通过组织师生观看安全、卫生、禁毒等警示教育片，请专家和相关执法人员到学校开展知识讲座，对寝室管理员进行安全知识培训，开展安全知识竞赛、创建“平安校园”、突发事件应急演练等活动，增强师生的安全意识，提高其防范能力，做到了校园安全事故零记录。

（4）作为校长要充分认识到学校安全工作的社会性。

学校安全工作应与社区、卫生部门、文化部门、工商及当地派出所联手，做好联防联治和治理整顿工作，形成社会广泛支持，社会力量联合防治的良好局面。只有这样，才能尽量减少我们工作的失误，才能真正做到防患于未然，才能为学校构建一个和谐、稳定、健康、文明的周边环境。

2. 摆正德育位置，让全校教职员工参与德育

（1）把德育工作全员化作为重要推手，努力营造鲜活的德育氛围。

在我们的校园，每一位教职员工都是德育工作者，将公民素养教育、道德法制教育和社会诚信规范教育融入一项项以学生为主体的教育教学活动中，融入一个个学生自主管理的环节中；“书香年级、书香班级”创建工作，开展“师生共同订立班级愿景和目标”的活动，一月一次的“校园之星”评选活动，学生心理活动周活动，推选各处室学生助理、宿舍义工等活动如火如荼，学校沐浴在浓浓的具有布高特色的文化校园构建之中；端正德行、树立远大理想、以良好状态迎接未来挑战成为全体学生的共识。

在积极心理学看来，人及其经验是在环境中获得的，环境在很大程度上影响了人。能够良好地适应环境也是一种积极的心理品质。因此，学校非常注重环境和氛围的教育影响，充分利用校园广播、校园里的五十四块宣传栏、各班的“班级愿景”、电子屏幕的每日一名言、综合楼的人文设计，等等，让学生在潜移默化中受到中华民族精神的熏陶。如：每月评选的“校园之星”，在学生中起到很好的模范作用，形成你追我赶、自强不

息的良好校园氛围。经常利用升旗仪式、校园广播站、班会、团队会等形式对学生进行“自强不息，厚德载物”教育，引导学生自我管理、自我约束、自我服务；通过文明班、特色班、先进班的评比活动，对学生仪表、言行等方面进行综合评价打分，列入班级考核评比，发放流动奖牌；通过鼓励先进，鞭策落后，引导班级整体进步。

（2）成立德育研究指导中心。

充分发挥中心对学生发展指导的作用，使指导更有针对性和实效性。学校德育研究指导中心每学年聘请各年级负责德育管理工作的级组长、学校骨干班主任以及具有丰富的德育管理经验的教师代表为德育研究指导中心的成员。中心围绕学生的选课、学法、心理、发展规划、职业生涯等方面定期进行研究及指导。如：针对不同年级的学生制定了不同的指导重点：高一年级为：“了解自我，尽快融入”；高二年级为：“克服倦怠，有效发展”，重点对学生进行文理基本学习方法的指导；高三年级为：“规划生涯，高效学习出成果”，重点根据学生的学业成绩、兴趣爱好、职业取向等对学生升学给予指导和建议。

（3）成立心理咨询中心。

学校心理咨询中心通过各种途径（如网络“心灵蓝天”、学校宣传栏、广播站等）向学生介绍心理学知识；对学生进行心理普查，为每一位学生建立心理档案，了解学生心理动态，通过心理访谈，及时进行心理干预；开设不同类型的心理课程、讲座和团体活动，为学生的发展提供有力的参考；为家长提供心理支持，每月组织编写一期《家教指南》派发给家长，帮助家长提高家庭教育的科学性和有效性，同时开展中学生网络心理障碍与家长教育等方面的研究，并对高中学生不同阶段家庭教育的方式与内容积极进行调研；培训班级心理委员，宿舍心理委员，力求以学生的力量促进更多的人去关注心理的卫生与健康。

二、充分发挥班集体的德育功能

1. 发挥集体目标的激励性，培养良好的班级集体意识

班级在制定纪律、卫生等公约时，应交由全体学生讨论，形成共识。因为只有被全体同学所认同的公约，才能变成大家的自觉行动。班级目标的激励性应着眼于：一是要创设出好比摘桃子，“伸手不及，跳而有获”

的情景，激励学生的上进心；二是积极创造条件，通过共同努力，实现目标，让学生尝试成功的喜悦，向更高的目标进取。

良好的集体意识主要体现在优良的班风和集体舆论的形成。优良的班风营造一种愉悦、信任、团结、友爱、向上的积极气氛，它使每个学生有着强烈的归属感，驱使他们为集体服务，尊重班级集体，也调节着学生的心境和行为。正确的舆论能扶正压邪、鼓舞人心、明辨是非，使班级保持积极向上的心理趋势，使学生的言行沿着正确、健康的方向发展。

2. 打造特色班级文化和宿舍文化

走进布吉高中，最能吸引你的可能就是各具特色的班级文化：每个班级的门前都悬挂着学生们通过反复讨论订立的班级愿景，班内都有一个摆放着学生们自愿从家里带来的各类书籍的书架，班级后面的展板则展示着抒发同学们理想和抱负的绘画或书法作品，让人过目难忘；我校学生绝大部分都住宿，在学生宿舍区，我们布置了学生宿舍阅览室、体育活动室、心理咨询室。闲暇时，学生们有的阅读，有的锻炼，有的在心理放松，这里俨然成了学生的第二个家；谈到一年一度的科技艺术节和体育节，布高学子一定会兴奋异常，因为这两项学校最大的节庆活动从筹备到组织，每一个细节都能看到学生的身影。“我的活动我做主”，通过活动，学子们真正体会到主人翁责任感、自豪感，也充分感受到组织的复杂和管理的艰辛，学校各项大型活动真正成为学子们飞扬青春、展示自我的舞台。

3. 构建网络德育体系

学校针对学生除去双休日，二十四小时都在学校的特点，利用现代教育技术手段，将对学生的德育网络延伸到课堂，使德育活动更加直观和形象，也极大地提高了学生的学习兴趣，调动了学生学习的主动性，教育效果有了明显的改善；使德育方式和内容充满现代气息，更具时代性、针对性、实效性。如：我校利用网络平台每天晚上给学生播放 30 分钟有关“爱国主义教育”、“国防教育”、“科技教育”、“健康教育”、“法制教育”、“交通安全知识”等视频资料，丰富了学生的校园生活和课外知识，使学生坐在教室里就可以了解社会的变化，使学生在轻松的环境中得到教育，这对于培养学生的爱国情操、使之养成爱科学、知法、懂法、守法的优良品质都起到了积极的推动作用。

三、构建“学校、社会、家庭”三位一体的教育模式

我校坐落在全国文明村——南岭村，学校近6万平方米的建校用地是南岭村无偿提供的。20世纪90年代初，南岭人要学校，不要5000万的非凡举措至今传为佳话。开办之初，学校就确定“主动服务社区，依托‘名村’办‘名校’，以优质教育回报社区”的发展策略。同时我们用“走出去”、“请进来”的方法去服务社区。

走出去——依托社区教育资源，加强学生教育。南岭村，作为全国有影响的文明村，具有丰富的社区教育资源，南岭村改革开放后的巨变，本身就是一部活的教科书。我校组织全校师生分期分批到南岭村参观、访问，写调查报告、访问记，开展“致富思源，富而思进”主题征文比赛，使师生得到了深刻的教育。南岭村至今保留着20亩地作为村民“致富思源”教育基地，如今已挂牌成为我校的劳动基地。南岭村的高新技术园成了我学校开展科技教育的基地。华为公司作为深圳高科技企业的代表，是我校开展“爱科学、学科学”教育的好资源，我们通过组织学生参观厂区，与工程师交流，让学生接受科技教育，增加了学习动力；大芬村，作为全国闻名的油画村，为我校爱好美术的学生提供了学习与交流的好去处。

请进来——我校开掘教育资源。如依靠“三支队伍”（即本校退休教师队伍、校外辅导员队伍、老干部队伍），充分发挥“五老”优势，扎实有效地开展关心下一代工作；如请龙岗检察院领导来校作法律知识教育报告，请派出所、车管所领导来学校开设治安、交通知识讲座等，让学生了解成功的酸、甜、苦、辣，从而教育他们从现在起就要做好准备。这些教育活动形式多样，真实生动，增强了教育效果。

长期以来，学校送教进社区，许多家庭和教师建立了一帮一的互助组，为建立及时的、长期的帮带关系打下了基础。每次活动之前，还专门下发学校编印的针对家庭教育的校报专刊《家教指南》。参加活动的学校领导、老师们与家长就家庭教育问题进行面对面的真情交流。咨询中，家长们提出了在教育孩子中遇到的各种困惑，老师们抱着诲人不倦的态度对家长提出的问题做了详细、深入的解答。家长对老师的解答十分满意，表示听了解答后茅塞顿开，解开了许多在教育孩子过程中困扰自己已久的问题，发出了“听君一席话，胜读十年书”的感慨。

布吉高中经过十五年的发展，走出了一条属于自己的德育特色之路。学校把“办人民满意学校”、回报社会、回报人民作为自己的办学目标和理念。学校不单为了高考而办学，而是更注重学生素质的提高、人格的健全、行为习惯的转变；注重提升周边社区文化品位，提高周边社区人员的文化素质，营造一片浓郁的“学校—社区—家庭”的文化氛围。

以上是我校在提高德育工作时效性工作中的一点心得和体会，在今后的德育工作中，我们还将努力探索培养学生创新精神和实践能力的内容、方法、途径，力求为学生的可持续发展打下坚实的基础。我们坚信，只要广大教育工作者大胆探索，勇于实践，学校德育工作一定会朝“高效”的方向发展。

参考文献：

［1］马忠虎. 基础教育新概念：家校合作［M］. 北京：教育科学出版社，1999.

［2］珍妮特·沃斯，戈登·德莱顿. 学习的革命［M］. 上海：上海三联书店，1998.

［3］厄内斯特·波伊尔. 基础学校——一个学习化的社区大家庭［M］. 北京：人民教育出版社，1998.

［4］张伟明. 如何提高德育工作的实效性［J］. 广西教育，2007（7）.

基于新课程背景下的课堂教学有效性的案例研究

随着新课程改革的深入开展，人们越来越关注学生在课堂中是否进行有效的学习。尽管我校有很多教师也在不断探索有效教学的方法，取得了一定的科研成果和经验，但在实施新课改过程中也出现了“穿新鞋、走老路”的现象，用旧方法教新教材，课堂教学不能促进学生进行有效的学习，三维目标得不到落实，学生的创新意识和实践能力得不到培养。教师教得累、学生学得苦的现象比较普遍。

如何实现老师有效教学、学生有效学习，从而实现我校的教育教学质量的提高？经过多年摸索，我们最终认识到，坚持以人为本，实施有效教学，在探索性、自主性、研究性的学习活动中发展学生的创新思维，提高学生的实践能力，是课程改革发展的必然趋势；我们认识到中学课堂有效教学，是指教学要从我们的校情和学情的具体实际出发，使学生得到充分发展；我们认识到中学教育阶段学生的身心发展都处于特定的阶段，学生的知识和心智发展水平对其今后进入大学深造进而成为具有实践能力和创新意识的高素质人才，具有十分关键的作用。而中学阶段的学习必然又受到社会环境等复杂因素以及教师自身因素的影响。所以，课堂有效性教学是一个现实而迫切的问题。如何解决这一问题，成为每一个布高人必须研究的课题。经过不懈的努力和探索，我们终于形成了具有布高特色的有效教学模式。

一、加强理论学习，保证课堂有效教学的正确方向

我校要求全体教师着眼于教育理念的深层次变革，不断提升自身理论水平，善于用新的教学理念来指导实践活动。我们有组织地学习了马克思主义关于人的全面发展理论、人本主义理论、建构主义理论和多元智能等理论，从而增强教育教学实践活动的创新性、前瞻性。在研究学习内容上，重点学习有关基础教育课程改革的基本理念、教师角色的转变、如何把握学生心理特点等理论，理解和构建新型师生关系的意义、原则和方法。通过学习，从理论层面上认识到树立“以学生的发展为本”的教育观是知识经济时代教育的特征之一，从而为研究奠定了良好的理论基础。

二、聘请知名专家指导，规范课堂有效教学行动研究

三年来，学校教育科研工作以“让每一个学生都体验成功”为宗旨，以“扬长教育”为核心，以课堂有效教学为重心，开展了多层次、全方位、跨学科、社区与学校互动的研究活动。活动中尤其强调将科学的理论

和生动的实践融为一体，鼓励教师们边科研边实践，做到科研课题从实践中来，科研成果到实践中去。我校聘请了教育部基础教育司郑增仪副司长等二人为课题研究顾问，聘请广东省教育科学研究所所长郭思乐教授、深圳市教科所黎克林博士等七人为教育科研指导专家，有效促进了我校的课题研究工作。

三、开展聚焦课堂活动，以学案为载体，积极推行“同课异构”，提高课堂教学有效性

1. 学案教学法

为了让学生能真正地独立思考，从2007年开始学校推行学案教学法，在几年的教学实践中取得了很好的效果。教学中首要解决的问题是“学生学什么”以及“学生怎样学”，而老师的“教”也应该是“教学生学什么”以及“教学生怎样学”。我们认为学案教学法能较好地把握这两个方面。为了更好地实施学案教学法，我们要备课组长和骨干教师每年利用暑假对下一年的课本进行认真研究，了解教材内容，并根据教材的要求以及学生的实际情况编写学案，开学后在备课组内讨论。根据讨论的结果，各个教师可根据自己班级的实际情况对学案进行再修改，以适应自己的学生；学生则根据教师设计的学案，认真阅读教材，了解教材内容，然后按学案的要求完成相关内容，学生也可根据学案提出自己的观点或见解。有了学案，学生知道该学什么、如何学。学案也促使学生去自主探索、自我发现、自我解决问题，从而实现了先学后教。学生也从过去的消极学习，变成了现在的积极学习，增强了学习能力，提高了学习效率。

2. 聚焦课堂——同课异构

2009年12月17~19日，由“中国科协‘科教合作’共建中学教师专业发展支持系统项目”课题组、华东师范大学科教合作研究中心主办，我校承办的“聚焦课堂”华南片区高中课堂教学研讨会在我校隆重举行。以华东师范大学博士生导师霍益萍教授为领队的上海一批特级教师、学科专家、名师，以及来自广西、上海、贵州等全国各地和广东省内、深圳市内的兄弟学校教师近300人会集我校，共同聆听了上海师大附中、上海格致高中、上海嘉定一中、广东实验中学、贵阳清华中学、布吉高级中学等学

校的优秀教师开设的各学科公开课29节、推门课20节，产生了广泛而深刻的影响。参与上课的老师就各自学科的同一个教学内容，分别从不同的教学点切入，采用不同的教学手段和方法，展示了他们不同的教学风格和教学艺术。专家、老师们就公开课进行了深入的分析，从课堂教学的设计、师生的互动、教材和课外资源的合理利用、教法学法等各个方面进行了深入的分析和务实的探讨，这种基于课堂的研究使教师们在思维的碰撞中得到了提升。专家们认为，布吉高中作为“聚焦课堂”全国实验学校，在课堂教学改革与课堂教学质量上率先示范，抓实抓优，把课堂教学视为教学质量的生命线和观测点，关注常态课堂，关注真实课堂，促进了教师实践性知识的生长。

3. “每日一课”专题教学活动

“每日一课”即每个正常的教学日，每个年级有一节面向全校的公开课，供各学科教师共同观摩。公开课的执教者由全体教师轮流担任，关注常态课堂，关注真实课堂。“每日一课”目的就是要促进教师实践性知识的生长，提高教育教学的有效性，提高教师素质，不断增强校本教研的生命力，从而促进学校制度建设，丰富校园文化，使新的教育理念真正走进我们的校园，走进师生的教学生活，尤其是促进学生成长和发展。

实行“每日一课”，为年轻教师的专业成长搭建平台：在2007年10月进行的为期近一个月的龙岗区高中中青年教师优质课竞赛中，全区共有九个学科的260余名35岁以下、两年教龄以上的高中教师参加了比赛。我校参赛教师不甘人后，奋勇争先，兢兢业业备课，潇潇洒洒上课，表现不俗。无论是语言表达能力、教学设计能力、课堂的调控能力，还是对新课程的理解和把握，都有上佳表现，课堂艺术、教学效果明显高于以往各届。李建卫、庄素娟、艾克热木、李登永、陈兴、高蕊、张天祥等7位老师更是独占鳌头，取得了一等奖的好成绩。同时，张项琳等10位老师夺得二等奖。获奖老师的精彩表现，不仅展示了布高教师队伍的不俗实力，也证明每日一课的确为年轻教师的成长提供了很好的平台。

4. 教学反思

以同课异构为契机，进一步推动教师对自己教学的反思与改进，推动教师的专业化发展。中青年教师是学校的未来，学校对他们高度关注，不但单独召开了中青年教师座谈会，听取他们的感受，还提出明确要求，促使他们在教育教学实践中认真学习，快速发展。例如：李建华老师在关于同课异构的反思中写到：同课异构实际是“你有一种思想，我有一种思想，交换后每人有两种思想”，这种新的教研方式，是课改中探索出来的一种教学改革和校本研究模式。“殊途同归、教无定法”的同课异构体现了教师的创新精神、驾驭教材的能力。而学生不同的学习方式，教学手段的多样化，丰富的教学方法，则使课堂更有生气和活力。我校通过深入开展同课异构的实验，不仅提高了课堂效益，提升了教师专业化发展的水平，还使老师们深深地体会到无论从什么角度去设计一堂课，都要将新课程理念实实在在地体现在教学中。要让学生真正动起来，让学生在体验、感受和探究中消化知识，使不同的学生得到不同的发展，切实贯彻我校“让每一个学生体验成功”的办学理念，使学生的学习成绩不断提高。

四、做到教学与科研、年轻教师与骨干教师成长紧密结合

在以往的教学工作中，存在着课题研究与教学行为相脱节、课程改革与抓教学质量“两张皮”的现象，有的课题研究甚至是“闭门造车”。为使课题研究真正落到实处，开学之初，我校根据学校的大教学计划，结合各年级组教学计划，制订出科学合理的课题组计划，并严格按照计划实施。课题组成员要做到对课题心中有数，把课题研究与日常教育教学工作有机融合。教学处也以教师专业发展为工作切入点，积极推动我校教师队伍建设，以学校为阵地，积极开展课题研究，为教师专业发展创造条件。

近几年，我校每年新进老师 30 人以上，最高峰时达到 70 多人，他们有的是大学刚毕业，有的是从全国各地招聘来的。为了让他们迅速进入角色，了解布吉高级中学校情、学情，更好地开展教育教学工作，学校开展了教师岗前培训。通过专家引领、同伴交流、自修、课题研究、教学研讨、教学反思等方式，“走出去，请进来”，特别是课堂教学实践等活动，新进教师基本达到新课程的教学要求，教师的专业水平得到进一步提高。同时，我校还加强对毕业未满 5 年的教师的培养和培训，制定了新教师培养培训规划，完善师徒结对制度，在“行动学习”中促其快速成长。此外，我校还提倡这些教师制订个人成长计划，对自己的专

业发展制定明确的发展目标。

根据课题研究的需要，我校积极动员和组织全体教师广泛学习有关改革的文件、文章及各种材料，形成了固定的学习制度。为了提高老师的教研水平，我们还重视骨干教师的培训提高工作，选派优秀教师带着课题（问题），领着任务，走出校门参加培训学习。外出培训、学习的老师归来后除在本教研组作专题汇报外，还要上一节汇报课。结合自己上的公开课，学期结束后上交一份详细的反思。课题组成员严格按方案、计划实施，杜绝了工作的盲目性和随意性，教学质量得到了提高，课题常规管理得到了保障。

五、第二课堂活动是我们课堂有效教学的重要推手

学校鼓励教师进行教学创新，大力开展体验式教学和综合实践活动课。学校重视引导学生全面发展及鼓励学生彰显个性，充分挖掘不同学生的潜能，使他们学有所长。我校招收体育、美术、音乐、特长生组成特长生班，因材施教，成立合唱团、舞蹈队、航模、车模小组、“机器人”活动小组，各学科成立研究性学习小组，让学生发挥特长，尽展所能。这也是我校以“扬长教育”为核心的人才培养模式的体现。

总之，我校在大部分学生成绩中等偏下的现实情况下，通过开展学案教学法、聚焦课堂、同课异构、每日一课等活动，教师的教学理念得到了更新，学生的学习方向更加明确，学习的方法更加科学。我校继去年荣获“深圳市2009年高考工作超越奖”之后，今年又以优异的成绩再次荣获“深圳市2010年高考工作超越奖”，这使许多原本升学无望的学生实现了进入理想大学的梦想。而更为关键的是，作为人生成长的关键时期，学生在这里锻造了意志和心理，培养了牢固的公民意识和终身成长意识，美好的人生蓝图在此打下了牢固的基础。正因为如此，尽管只有15年的发展历程，但我校已经成为深圳市龙岗区实施素质教育的典范。新的学年，我校将继续全面贯彻落实“扬长教育”办学思想，在教学质量运行系统中实施“大教学”管理模式，将教学线分成五个管理中心：教学指导中心、教科研和教师培训中心、课程开发和考试评价中心、科技教育和社团活动指导中心、艺术教育中心，为有效教学的研究和发展继续上下求索。

参考文献：

［1］陈厚德. 基础教育新概念有效教学［M］. 北京：教育科学出版社，2000：29－30.

［2］高雪梅，冯大瑞. 新课程理念下的有效教学策略与学生的数学学习［J］. 延边教育学院学报，2004（1）.

［3］李瑾瑜. 新课程与教师专业发展［M］. 北京：首都师范大学出版社.

［4］陈晓瑞，马建文. 教学行为的反思性特征［J］. 教育科学研究，2006（2）.

［5］隋慧成. 新课程背景下中学课堂教学行为存在的主要问题及其策略思考［J］. 网络科技时代，2006（6）.

［6］弓青峰. 影响教师教学行为的因素分析及对策［J］. 教育理论与实践，2006（1）.

加强高中学生发展指导 构建学生和谐成长环境[①]

《国家中长期教育改革和发展规划纲要（2010—2020 年）》（征求意见稿）明确指出：我国在普通高中阶段“设立学生发展指导制度”。学生指导，是和普通高中几乎同步出现的学校教育活动。它和管理、教学一样，都是学校的基本职能，包括心理辅导、选课指导、升学指导、生活指导、生涯规划等方面。目的是要帮助学生解决成长过程中的困惑和烦恼，是现代学校必须为学生提供的一项服务功能，是学校育人本质的重要体现，也是学校为学生构建和谐成长环境的重要途径。

布吉高级中学是深圳市龙岗区的一所区属寄宿制高中，地处全国文明

① 本文作者为布吉高级中学陈坚。

村——南岭村，是区里一所农村城市化的典型学校。办学15年来，布吉高中“一路跋涉，缔造奇迹”，从一所村办学校发展为省一级学校，并被评为广东省国家级示范高中。我校结合寄宿制高中的特点和学校的实际情况，针对“学生发展指导，构建学生和谐成长环境”这一德育研究进行了多年的实践探索，并取得了良好的效果。

一、加强高中学生发展指导的必要性

（1）寄宿制高中的特点使得学生发展指导成为学校管理的必须。

寄宿制高中所具有的时空优势为学生的发展提供了更加自由和灵活的时间和空间。但随着学生在校时间的延长，可利用的空间的增加，学生发展指导的难度也随之增加。如何给学生自由与便利的同时对学生实行有效引导，如何让学生在发挥自我的同时懂得合理规划，如何引导学生在远离父母时收敛任性与同伴和睦相处，这一切都期待全面而科学的引导。

除去双休日，布吉高中的学生二十四小时都在学校。学校学习区、生活区和运动区的一切设施都向学生开放。相对于走读制的学生，他们有更多的课余时间进行学习和独立生活。如何让学生们在学习和运动中找到平衡，在相对自由的时间里把握自我，规划自我，尽早认识自我，融入更广泛的群体之中；如何让学生在生活区、学习区和运动区的不同空间转换中塑造沉稳、乐观的心态，这些，都是寄宿制高中学生发展指导的重要内容。

（2）学校要适应社会多元化的需求，实现以“让每一个学生都体验成功”为目标的扬长教育，以及实现学生自主能力的全面开发与培养，学生发展指导制度化与常态化显得尤为必要。

布吉高中根据时代的发展与未来社会对人才的需要，形成了以“让每一个学生都体验成功”为目标的扬长教育。学校以“科技艺术节”、体育运动会和丰富的社团活动为载体，为学生提供各种可参与、可展示自我的舞台和机会。面对纷繁的选择与机会，学生如何了解自我、扬长避短；如何突破自我、破茧重生；如何在选择后融合，在融合后沟通，在沟通后合作，在合作后反思，在反思后提升，实现自主能力的全面开发与培养，这些，都使学生发展指导制度化和常态化显得尤为重要。

（3）高中阶段所特有的高压力、短周期、多选择、多责任特点，使得高中这一特殊阶段的学生和家长，无论在学业还是择校、择业或者人际交往沟通等方面都亟需得到疏导与帮助。

高中阶段是学生学习周期最短的一个阶段，这一阶段，学生从少年进入了青年时期。从高一开始，学生不仅要尽快摒弃稚气，尽快适应高中快节奏、高效率的学习生活，而且学生自己乃至家庭、社会都会对他们有更高的期待。学生从行为或更早地从心理开始承担自己、家庭和社会的责任与义务，高中三年对很多学生来说几乎是一次蜕变。同时，高中阶段是基础教育渐近尾声的阶段，学生必须为了自己的理想或者未来的职业乃至生存而奋斗。仅仅两天的高考背负着学生、家长和学校的希望。这一阶段的压力无疑会诱发、激活或者加重学生的心理问题。如何适当减压，如何释放，如何化解一个个小矛盾，如何在成绩的起伏中找到自信……这一切，使学生发展指导工作任重道远。

二、布吉高中学生发展指导工作模式

（1）建立多维度的学生规范条例。

以规范来引导学生适应、发展、出成果；构建有布高特色的多层次评价体系，以评价来激励学生自主、自立、自我完善，用刚性的制度引领学生更好、更快地发展。

（2）成立德育研究指导中心，配合学校的扬长教育目标，对全体学生进行发展指导。

（3）成立心理咨询中心。

通过多形式、多渠道的心理服务，以心理的软性渗透，来提升学生对于制度的认同感，促进制度更好、更快地落实。

三、布吉高中学生发展指导的几点做法

（1）健全各类规范条例，以条例促进规范；完善各级评价办法，以评价引导发展。

为让学生实现自主、自立和自我完善，布吉高中建立健全了一系列的学生规范条例，对学生的人际交往、行为举止、卫生纪律等方面予以指导和提醒，帮助学生尽快、尽早养成良好的生活习惯、行为习惯，尽早独立，早日自主发展。从学生高一入学的军训开始，布高学生每人均有一本

新生教育材料，包括《布吉高级中学学生在校基本规范》、《布吉高级中学课室布置规范》、《布吉高级中学安全守则》；《布吉高级中学内宿生管理守则》、《布吉高级中学学生量化考核实施细则》等条例。这些条例不但给予学生行为指导，还为学生日后的发展奠定了良好的基础。布高的学生评价体系范围涉及班级、宿舍和学生在校所有的活动区域，包括班级、年级和校级等不同层次，评价对象既有个人的，也有宿舍和班级的，采取个人与集体捆绑式评价，并以激励为前提，目的在于全方位地促进学生完善人格的建立。

（2）成立德育研究指导中心，充分发挥中心对学生发展指导的作用，使指导更有针对性和实效性。

学校德育研究指导中心每学年聘请各年级负责德育管理工作的级组长、学校骨干班主任以及具有丰富的德育管理经验的教师代表为德育研究指导中心的成员。中心围绕学生的选课、学法、心理、发展规划、职业生涯等方面定期进行研究及指导。如针对不同年级的学生制定了不同的指导重点，高一年级为："了解自我，尽快融入"；高二年级为："克服倦怠，有效发展"，加强对学生进行文理科选择的指导；高三年级为："规划生涯，高效学习出成果"，根据学生的学业成绩、兴趣爱好、职业取向等对学生升学给予指导和建议。

（3）成立心理咨询中心，坚持开展学生心理健康教育活动，帮助学生提高心理素质，健全人格。

学校心理咨询中心通过各种途径（如网络"心灵蓝天"、学校宣传栏、广播站等）向学生介绍心理学知识，对学生进行心理普查，为每一位学生建立心理档案，了解学生心理动态，通过心理访谈，及时进行心理干预；开设不同类型的心理课程、讲座和团体活动，为学生的发展提供有力的参考；以班主任、年级组长、生活老师为核心的德育队伍组成了我校学生心理健康教育的一支庞大的不可或缺的队伍，他们定期接受心理知识的培训，使自己的教育行为更加理性与科学，在关注和指导学生心理健康方面发挥了重要的作用。同时，为学生家长提供心理教育支持，每月组织编写一期《家教指南》派发给家长，帮助家长提高家庭教育的科学性和有效性，指导他们在调控好自己的同时帮助孩子更健康地迎接所面临的一切。同时，开展中学生网络心理障碍与家长教育等方面的研究，并对高中学生不同阶段家庭教育的方式与内容积极进行调研。此外，培训班级心理委员、宿舍心理委员，指导学生心理社团，力求以学生的力量促进更多的人去关注心理的卫生与健康。

四、布吉高级中学学生发展指导工作的特色

（1）以课题引领行动，在反思中作为，在作为中探索。

学校多渠道积极探讨学生发展指导的内容与方式，积极参加各级各类的高中学生发展指导专题研讨会，积极借鉴香港、台湾等地区比较成熟的做法和经验。特别是心理咨询中心积极参加国家基础教育实验中心、中国教育学会“十一五”重点课题《中国学校心理健康教育行动研究》研究，并拥有该课题的子课题成为总课题的实验学校。中心小组各成员不断提高理论研究水平和实践能力，采取点面结合、全员参与、多方位渗透等方式，帮助学生提高心理素质，健全人格，增强其承受挫折、适应环境的能力，使“低起点学生”的总体素质有了较大的提高。

（2）德育研究指导中心和心理咨询中心所具有的“柔性”特质，与学校制定的一系列“硬性”的规范条例相互配合，刚柔并济，使学校制度的落实更加到位。

（3）针对寄宿制学校特点，利用现代教育技术手段，将德育的网络延伸到课堂，使德育方式和内容充满现代气息，更具时代性、针对性、实效性。

我们还充分发挥学校网络、校报、宣传栏、广播站的教育渗透作用，特别是借助学校网络优势，建立年级、班级的环保、禁毒等专题网页。通过专题网页，增长学生知识、集体意识，促使学生树立正确的人生观与世界观。在校园网上，我们设立校长、处室信箱，倾听学生意见，解决学生疑惑，搭建起学生、学校、家庭沟通的平台。这些措施都有效地克服了时空的限制，有利于三者的沟通和理解，更好地适应了现代生活的节奏，为青少年营造了一个正确、积极、健康的网络文化环境。

五、关于学生发展指导工作的思考

正如教育部基础教育二司副司长申继亮所指出的那样，学生发展指导制度建设是我国普通高中教育发展到今天必须要实施的一项工作；但是作为一个新生事物，还有很多工作要做，任重道远。学生发展指导工作要有实效，必须打造一支较为专业的团队。目前从政策、资源、专业人员队伍

建设、家校合作、指导理论研究和内容开发等多方面，仍然存在各种制约的瓶颈和困难，仍然是普通高中学校要不断探索的。

携手奋进互砥砺　优质发展长共勉

——马锐雄校长工作室诊断活动侧记（一）[①]

三月，春寒料峭，木棉绽放。

在这个美好的季节里，广东省首批中小学校长工作室——马锐雄校长工作室组织包括学校管理骨干、中青年骨干教师、教坛新秀在内的布吉高级中学的三十多位同志，于3月24日至26日，在马锐雄校长亲自率领下，来到汕头市潮南区成田高级中学，进行了为期三天的交流、培训、诊断活动，在该工作室挂职的来自粤东的三位入室校长也参加了本次活动。

本次活动旨在以汕头市潮南区成田高级中学学校优质发展为具体案例，通过同课异构教学、示范课研讨、座谈、论坛等形式，探究涉及学校文化构建、教师专业成长、有效教学、特色构建在内的学校优质发展路径，以此真正发挥校长工作室功能，发挥优质学校的示范作用，探索行动式校长工作室入室培训模式，努力培养造就一批具有先进的办学理念和较强管理能力的具有教育家素质的优秀校长，推动薄弱学校成长，促进教育均衡和谐地发展。

成田高级中学位于闻名全国的“文化侨乡”——汕头市潮南区成田

① 本文作者为汕头市潮南区成田高级中学办公室。

镇，始创于1919年，学校自创办以来，秉承“尊师爱生，乐教勤学”的校风，坚持“求真务实，开拓创新”的领导作风，“立德成范，博学善教”的教风，“多思好问善练，求知求活求精”的学风，培养了大批政界、商界、学术界的优秀人才和精英，为国家的建设事业作出了积极的贡献。2009年，潮籍知名企业家——深圳市冠懋房地产集团有限公司董事长马泽琪女士、陈钢民先生伉俪捐巨资对该校进行了拆迁改建，学校现已升格为潮南区直属高级中学。24日下午，马锐雄校长工作室成员一行抵达成田高级中学后，立即被融合中西建筑风格，设计新颖，既有中国建筑韵味，又有欧洲建筑风格的教学大楼所吸引，也被充满人文关怀和文化底蕴的校园所折服。短暂的交流后，来自特区的布吉高中的老师们更被成田人不计个人得失，艰苦创业，虚心学习的精神所感动。随后，布吉高中骨干教师与成田高级中学的青年教师开展了语文、数学、英语、历史和物理学科的“同课异构”活动。成田高中的五节课例，充分展示了该校年轻教师的朝气，也显示出学校严谨的教风；布吉高中教师的五节课例，充分体现出该校一贯倡导的以学生为中心，重学法、重思考、重能力的教学理念。布吉高中郁原云老师高立意、巧设计、善驾驭的引领式教学，李燕珍老师重思路、讲逻辑的探究式教学，艾克热木江老师全情投入、激情四溢的表演式教学，林洁璇老师联系学情、自制教具展开的参与式教学，姜少梅老师抓要点、抓关键、善引导的发散式教学，给成田高中教师留下了深刻的印象。

在汇报、示范课后，相关学科教师在成田高级中学相关学科教研组长的主持下进行了深入的教学交流和研讨。两校各处室的相关人员就教学常规、宿舍管理、德育管理及办学特色等方面进行了座谈和交流，相互学习，借鉴经验，共同提高。

25日上午，由广东省马锐雄校长工作室主办、汕头市潮南区成田高级中学协办的“学校优质发展研讨会”在成田高级中学报告大厅举办。研讨会由布吉高中黄少波副校长主持，会议先由成田高级中学的张翼校长谈学校的发展思路，再由校长工作室所在的布吉高级中学各处室负责人结合布吉高中16年创优历程，介绍学校各项工作的做法和经验，并结合成田高中的实际，对成田高中各项工作提出具有可行性的建议：张洪主任着重谈了学校的文化理念和文化路径，刘军巨主任结合学校后勤管理谈了学校后勤管理优质之路，唐争艳主任、蔡寅斌主任和仲明志主任分别对“有效教学”和“教师科研与专业成长”与“学生评价、教师评价”进行了介绍，陈坚主任、蔡金海老师、钟君老师、黄湘辉老师分别就布吉高中德育、科技、艺术、体育特色方面的经验作了交流。以上老师的发言结合了生动的案例，图文并茂，深入浅出，赢得了在座教师阵阵热烈的掌声。随后，三位入室校长——汕尾市陆河县螺溪中学的叶初迎校长、汕尾市林伟华中学的陈世炯校长及潮州市松昌中学陈忠然校长分别就德育、管理和教学方面作了发言，他们的发言谦虚诚恳，引发了在座教师的共鸣。

在研讨会上，马锐雄校长作了题为《普通高中优质发展的思考与实践》的报告，他从优质学校的内涵切入，从学生培养目标入手，结合传统的人才培养理念和新课程理念，谈到自己对优质学校的内涵的理解，他强调优质学校就是要根据培养目标，结合校情、学情，提供最适合学生的、满足学生个性发展需要的、为学生终身发展服务的教育，同时他分析了优质学校的八大特征和支撑平台。接下来他介绍了布吉高中创建优质学校的经验，他指出布吉高中的成功来源于在战略上能跳出教育看教育，敢于挑战，打破原有秩序；在策略上能回到原点思考问题，有自己的独立思考、判断，能尊重教育规律，把看准的事情做透，形成优势；在具体措施上能注重三元目标建设，研究协作性队伍建设，高效的行政管理构架建设，特色课程建设，并由此打造学校、社区、家庭之间以及校长、教师、学生利益之间的共同体，实现教育教学的高效优质。最后，马锐雄校长对成田高中建设优质学校提出了中肯的建议，他指出粤东将迎来高中教育大发展的机遇，大家要先知先觉，抢抓先机；要把侨乡资源优势以及办学传统优势转化为办学优势；要注重常规管理，找准办学方向，构建办学特色，奋力突破；要以校为本，加强师资培训，要加强课程建设，体现学校教学特色。马校长的报告提纲挈领，高屋建瓴，启发了老师们的思路，令在座的老师获益匪浅。

随后，成田高级中学的捐建者，深圳市潮籍知名企业家马泽琪女士在会上用“激动”、“感谢”和“希望”三个关键词抒发了她此行的感受，她对到场的所有领导和老师，尤其是马锐雄校长带领的远道而来的布吉高级中学骨干教师团队表示了热烈的欢迎和衷心的感谢，同时也对成田高级中学未来的发展提出了恳切的希望和要求。在会议结束之际，汕头市潮南区教育局、文体局颜文涛局长对研讨会作了总结，并以“如听仙乐耳暂明”表达了当时的心情，报告会在热烈的气氛中圆满落下了帷幕。

韩江水碧韩山青，成中拳拳切切情。虽然此次深圳布吉高中赴汕头成田高中的交流之行非常短暂，但在马锐雄校长工作室的精心安排下，在成田高中的大力协助下，活动取得了实效，成果颇丰。成田中学深厚的文化底蕴及办学传统，开阔了布吉高中教师们的眼界，而侨乡人民支持教育的无私情怀以及成田教师无私奉献、艰苦拼搏的精神更让布高教师增添了一份献身教育事业的干劲；而通过全程立体的交流，成田高中也从布吉高级中学发展历程凝聚的独特而宝贵的经验以及教师们教学过程中体现的先进的教学理念上寻找到了办优质教育的信心和路径。在比较中思考，在比较中相互学习和鼓励，在比较中共同进步，马锐雄校长工作室开启的这种行动式培训模式，不仅仅着眼于对入室校长的理论培训，对入室校长学校单边的关注，而是将工作置身于更为广阔的教育舞台，通过不同类别学校的相互比较，通过优质学校的校长及管理团队资源向薄弱学校的有效输出，努力全方位提升各级不同类学校办学水平，促进教育均衡发展，最终实现了交流三方的共赢，其经验值得借鉴和推广。

立足乡镇把脉教育，诊断交流开出良方

——马锐雄校长工作室诊断活动纪实（二）[①]

继2011年3月份赴汕头市潮南区成田高级中学交流活动之后，2011年6月17至18日，广东省首批中小学校长工作室——马锐雄校长工作室

① 本文作者为陆河县螺溪中学办公室。

来到了汕尾市陆河县螺溪中学，进行了为期两天的听课、交流、诊断活动。本次诊断交流活动由广东省名校长马锐雄率领，随行包括学校教科室、教学处、德育处相关负责人，学校教研组长，中青年骨干教师在内的布吉高级中学的17位老师，入室培训校长陈世炯也参加了此次活动。

本次校长工作室诊断交流活动立足于村镇中学陆河县螺溪中学，通过深入课堂听课，听取学校教学研讨、德育线交流等一系列活动，最后由马锐雄校长对螺溪中学做出全方位的诊断评估，以此总结村镇中学的发展经验，找出存在的不足和问题，提出发展思考和建议，促进螺溪中学的整体、优质、高效、特色发展。

螺溪中学属于一所乡镇中学，学校坐落在广东陆河县螺溪镇开发区，创办于1932年。学校以“一切为了师生的进步与成长，以人为本，和谐发展”为办学理念，积极推进素质教育，在新课程改革中，不断开拓创新，2003年评为陆河县一级学校，2004年评为汕尾市一级学校，现正努力向建设规范化学校目标迈进。

17日上午，马锐雄校长工作室一行抵达螺溪中学，受到了螺溪中学的热烈欢迎，雨后的螺溪中学清新秀丽，赏心悦目，空气中弥漫着泥土和青草的气息，让来自深圳的布吉高级中学的老师宛入桃源仙境，备感轻松和惬意。上午，马锐雄校长及随行教师深入课堂，听取了初中语文、英语、数学三节公开课。课堂上学生声如洪钟的朗读，争先恐后的答问，工整认真的笔记，还有学生那淳朴眼神中透射出的对知识的渴望和敬畏让布吉高级中学老师深受感动，螺溪中学老师课堂上的一丝不苟、热情洋溢、收放自如也让布吉高级中学老师心生敬佩之情。课后，布吉高级中学的老师和螺溪中学的老师进行了深入的评课交流，布吉高级中学各教研、备课组长结合本校的课堂有效性、教法学法多样性等经验给螺溪中学的课堂教学提出了改进意见和建议。两校各处室负责人也在教学、德育、科研、艺术特色教育等方面交换了经验和意见。

下午，在螺溪中学会议室召开了“马锐雄校长工作室赴螺溪中学诊断交流”专题研讨会。与会人员包括陆河县教育局教研室彭主任，陆河县教研室语文、数学、英语教研员和螺溪中学的领导和教研、备课组长。会议由螺溪中学叶副校长主持，会上，螺溪中学叶初迎校长全面介绍了螺溪中学的发展历程、学校所取得的成绩及所面临的问题。布吉高中黄少波副校长对螺溪中学的课堂教学、德育工作给予了高度的评价，也对螺溪中学在留守儿童、青年教师培养方面面临的困惑提出了行之有效的建议。

在研讨会上，广东省校长工作室主持人马锐雄校长作了题为《乡镇中学优质发展的思考与建议》的诊断报告。报告分为四个部分。

一、强化学校优势，打破发展瓶颈

谈到强化学校的发展优势，马锐雄校长指出，学校的发展是一个积累的过程也是一个创新的过程，建设优质学校要对学校现状做全面分析。螺溪中学扎根乡镇历经八十余载，风风雨雨，几经变迁，发展成为在陆河县享有盛誉的市一级学校，八十年的发展史，八十年的奋斗史，八十年的治校方略、教育理念，八十年的优秀校友资源等，这都是学校弥足珍贵的资源。我们要善于发现总结这些方方面面的隐性资源，进行整理、总结、吸收、强化。形成人文资源，激励年轻一代，引领学校的发展。当然还要积极发掘学校的其他优势资源，譬如，螺溪中学历年优秀的中考成绩和体育成绩，对螺溪中学在留守儿童的教育方面所积累的经验进行总结、固化、继承和发扬。面对螺溪中学在发展中存在资金不足，师资流失的两大瓶颈，马锐雄校长开出良方：螺溪中学处于一个“富裕与贫困并存，现代与传统同在”的乡镇，虽是贫困地区，但这里也有众多的企业家，螺溪中学一方面可以争取市、县、镇各级政府的支持，一方面更要争取社会各界人士的支持。螺溪中学历史悠久，人才辈出，要充分利用好螺溪中学八十年的校友资源，发扬校友捐资办学的优良传统。对于师资流失的问题，马锐雄校长更是感同身受，他指出，布吉高级中学从村属学校起步，十六年筚路蓝缕，发展成现在的广东省国家级示范性高中，与一大批中青年骨干教师不畏艰苦，积极奉献是密不可分的。在布吉高级中学发展最困难时期，以蔡寅斌、姜少梅、吴细华等为首的一批优秀教师，放弃市内的优越条件，扎根布吉高级中学，为学校的发展做出了最大的努力。因此，学校师资队伍的建设不仅需要待遇留人，更重要的是情感留人，让教师在学校感受到家的温暖；学校还要积极营造有利于教师发展的平台，让教师能在学校这个平台上发挥自身的优势，锻炼自己的才干，让每一个教师都体验成功。

二、把握发展机遇，明确奋斗目标

对于螺溪中学的发展机遇，马锐雄校长指出：螺溪中学地处粤东乡镇，经济相对落后，但学校的发展即将迎来宏观和微观上的两大机遇。宏观上，广东省正在大力推进教育的均衡发展，经济欠发达的粤东地区将获得省级、地方财政方面给予的大力支持；微观上，随着珠三角地区的产业升级与转移，陆河、螺溪将迎来新一轮的巨大发展。在这两大机遇到来之际，螺溪中学必须先知先觉，做好充分的准备，制定和明确学校的奋斗目标。对于这点，布吉高中发展历程就是一个鲜活的成功的案例：布吉高中经历十六年，完成村办，到镇属，到区直属重点高中的办学历程；完成了由没有级别到区一级学校、市一级学校、省一级学校、广东省高中教学水平评估优秀学校，到创建成为国家级示范高中的历史跨越。学校成功的前提是有奋斗目标的引领，学校结合实际，整体思考，精心规划，明确学校的近期、中期、长期的奋斗目标，追求卓越，敢于创新，励精图治，把握关键时刻，加快发展步伐，实现学校的跨越式发展。同样，在机遇面前，建设螺溪中学也要确立新的发展目标：如创建省一级学校、村镇教育技术现代化示范学校、德育示范学校等。

三、树立科学教育观，实施文化引领

对于学校的教育观，马锐雄校长指出，教育观、办学理念是一所学校的灵魂，是引领学校发展的旗帜。而先进的教学理念需要适应时代的潮流，更需要回归教育的本质，考虑校情、生情，关注学生的发展需要。布吉高中正是基于这几方面的思考，反复论证，确立了“让每一个学生都体验成功”的办学理念。在这一办学理念指导下，2008 年初，学校又提出了“扬长教育”理念来对“让每一个学生都体验成功”的办学理念给予了有力支撑。

谈到学校的文化建设，马锐雄校长有感于螺溪中学立足乡土、朴实静美，生机勃勃，艰苦奋斗的校园文化特色，并提出富于实践性建议：螺溪中学可以发挥学校悠久的历史、人文资源优势，创建螺溪中学校史展览墙、螺溪中学优秀校友墙、师生共建文化长廊，将学校80多年来的办学成绩，办学理念，成功的校友，学生的作品，师生活动照片等内容装点其中，铸造成螺溪中学特有的文化资源，激励、鼓舞师生进步，引领学校的发展。

四、关于德育教学，学校特色发展的思考与建议

关于德育，马锐雄校长指出，德育要转变观念，注重学生自我体验。德育的目的是育德，关键在一个“育”字，德育不能是喊口号、作规定，而应该回归学生的个体需要，让学生懂得德育是学生从自然人到社会人的转变的自我需要。教师不能再用过去的纠错、训导的被动式教育方式，而应该先走一步、预先发现问题，对学生的发展给予指导，成为学生发展的规划师。因此，高效的德育应从传统的说教走向学生的自我体验、自我感悟、自我完善。

关于教学，马锐雄校长指出：应试教育和素质教育并不一定就是水火不容的死对头，二者也有相互促进的一面，关键是找到二者的契合点。孔子名言“学而时习之，不亦说乎”给当今的教学一个很好的启示：“学”为学习，“习”为实践、体验，“时”是经常，学习和实践结合，学以致用，这样才能愉悦。而应试教育却把学习扭曲为“学习就是读书、学习就是补课，学习就是考试”，偏离了教学原点，以至于让不少学生产生了厌学情绪。要解决这一问题，教学应该变“以教定学”为“以学定教”，教学不能按老师的预设，指向标准答案，对不同学生以一个标准来教，用“一个药方治所有的感冒”，而应该关注学生的差异和个性，对学生进行个案分析，找出症结，对症下药，真正做到因材施教。教学还应该重视学生的实践和体验，加强学生的团队意识、动手能力的培养，教予学生学习方法，让学生做到“学而不厌”，体验学习带来的成功感。

关于特色发展，马锐雄校长发表了自己独到的见解，他认为，“一个人的成功＝合格＋特长”，“一所学校的成功＝达标＋特色”。布吉高中跨越式的优质发展，一方面是不断用市一级、省一级、国家级示范高中的标准不断提升学校品质，另一重要举措就是大力发展学校的特色项目，科技特色、艺体特色、德育特色不断斩获佳绩，使学校成为了龙岗区素质教育

的典范。同样，螺溪中学在留守儿童教育、艺体特色方面有自己独有的优势，可以总结经验，开展以“留守儿童教育”为专题课题研究，传统的体育强项，可以开设体育特长班。发展特色教育将为螺溪中学成为乡镇中学中的名校发挥至关重要的作用。因此，在这一方面螺溪中学需要深入挖掘，科学引导，不断激励、不断强化。

马锐雄校长的专题报告获得了长久而热烈的掌声，引起了在座所有领导和老师的深切共鸣，也为螺溪中学的优质发展开出了妙药良方。

最后，陆河县教育局教研室彭主任作了总结性发言，他对马锐雄校长工作室深入课堂第一线，深入科组交流表示深深的敬意，对马锐雄校长结合布吉高级中学办学实践给螺溪中学开出的诊断良方表示诚挚的感谢。彭主任要求螺溪中学深入学习、研究、领会马锐雄校长专题报告的教育精髓，认真吸取、秉承、转变、发扬布吉高级中学的成功办学经验，改进课堂、提高效率、设计出科学的教育管理理念并在全县进行推广，让马锐雄校长工作室授予螺溪中学的成功经验在陆河县开花结果，发扬光大。

高处还需向前看　破冰就在诊断时

——马锐雄校长工作室诊断活动纪实（三）[①]

金秋岁月，收获季节。当一个学校的高考成绩在当地发展到无可比肩的时候，要些什么新的收获？高原现象的出现，往往是供氧不足。10 月 25

① 本文作者为汕尾市林伟华中学办公室。

~26日，马锐雄校长工作室率学校各线骨干偕西部影子校长计34人，赴汕尾市给高原之上的林伟华中学“供氧”、“诊断”，促使该校在新的教育领地有更加丰厚的收获。

26日上午，工作室一行人先深入林伟华中学课堂听课，然后兵分两路：一方面马锐雄校长偕三位入室校长和八位西部校长进行高端对话，另一方面，布吉高中各处室、各学科骨干与林伟华中学的相关领导和老师进行对接交流。而后，林伟华中学主持了“广东省马锐雄校长工作室对汕尾市林伟华中学优质发展诊断研讨会”，陈世炯校长先就学校发展思路作报告，继而马锐雄校长就考察结果作了题为《关于教育问题和教师发展的思考》的诊断报告。

汕尾市林伟华中学创办于1997年，学校以“高要求、严管理、创特色、争一流”为办学宗旨，在南粤优秀校长陈世炯的带领下，致力于完善学校的管理制度，打造精良的教师队伍，激发学生的学习兴趣，积极落实分层教学，分类指导，高考成绩在汕尾市独占鳌头。

然而，高原之上的陈校长却感到危机，担心滑坡，毕竟学校的优质发展并不单看高考成绩，如何创新办学理念，提高核心竞争力，促进学校可持续发展，就是林伟华中学的当务之急。

马锐雄校长的诊断报告从中央教育科学研究所朱小曼的一段引言开始，他说，“当校舍一天比一天漂亮，教育技术一天比一天先进，课堂内容和类型一天比一天丰富，教育科研一天比一天红火起来的时候，学生们却一天比一天更不喜欢学校，家长也一天比一天更怀疑教育究竟能否使自己的孩子得以全面发展。”学校教育面临前所未有的压力，学校优质发展是摆在每一个教育者面前的重大课题。

马校长说，林伟华中学作为汕尾市的知名中学，在短短十四年的时间里取得了显著的办学成绩，面对未来，校长和老师们有更多的追求，这是学校超越自我的动力。综观林伟华中学前十四年的发展，华侨的支持、群众的期盼、创业的冲动以及对未来的憧憬为学校发展注入了强劲动力，学校获得了超越常态的发展速度。面对未来，除了借鉴过去的经验，更需要创新思维，推动学校新发展。

他说，当学校的办学条件基本满足以后，决定学校办学水平的要素是办学思想、学校文化和教师的专业发展。学校要超越发展，需要从校长思考力、教师专业能力、学生发展能力三个方面去努力。

校长要加强对学校教育自身的思考，据此明确学校教育的功能和教育者努力的方向。当前，我们清楚地看到，学校教育还不能说对每个学生都产生了积极作用，促进了每一个学生的发展。换句话说，我们的教育教学工作不是对每个学生都有效。学校教育对学生的影响除了认知领域，在其他方面的影响还很不够，特别是在创新精神、公民意识、人文情怀的培养方面还很不够；在加强学生人生规划、职业选择、学法指导、生活指导方面还做得不够。面对家长在教育孩子方面的困惑，作为学校和教师还难以提供专业化的有效指导，教师的职称等级与能力高低并没有实质相关，成为给老师提高待遇的手段。

基于这样的现状，我们要进一步思考，在信息时代，教育是塑造人，还是为人的发展服务，两者的关系如何处理？我们要让学生看到自己的长处，扬长发展，变得聪明，这中间，如何处理全面发展与拔尖人才培养的关系？如何处理教育均衡发展与学校特色发展的关系？教师成长又如何从“个人成长”走向“团体成长”？

马校长认为，教育的目的是培养人，为所有学生的发展服务，让他们拥有成为现代公民的责任感，以及履行职责需要的素质和能力。

高中阶段是学生从被监护走向自主的转折点，高中学生有梦想，有冲动，有力量，但需要培养理性、责任和涵养，就像正在组装的机器，还需要整合、调试、检测和校正。这一过程是充满人性的，而不是按标准塑造人，培育“盆景”。为了让学生在现实生活的坐标系中找到自己的坐标，做负责任的现代公民，我们需要引导他们进行知识整合、思维整合、文化整合，按天性培养良好的学习习惯和行为方式。在这过程中，学生成长了，学校也发展了，学校特色“定格”下来了，从这一意义上讲，特色不是创建的，而是一所学校本来就有的，关键是如何去观察、挖掘、引导、强化。

当然，不管是教育目的的实现，还是学校特色的形成，除了校长的思考力足够强大之外，还有赖于教师团体的成长。在当今社会，教师要实现三个方面的优化：一是教育理想，包括知行统一的教育思想和教育教学方法论；一是学科能力，包括教学能力和教学智慧；一是管理能力，包括重在影响的教育能力和指导学生发展的能力。

据此，马校长认为要加强教师的在职培训，并且认为培训的核心是获得产生于处理复杂性和不确定性情境过程的实践性知识，并把这些知识付之于教学实践的过程。据传播学的“认知不协调”理论，人们总是回避同自己原有认知要素对立的不协调信息，而积极接触与之协调的信息。对不协调信息的排异，使新知识难以“重构”。所以，他强调教师要在情境活动中不断完善自己（在做中学）。

马锐雄校长专门就教师的专业发展作深度探讨。他从“理想的我”与“现实的我”切入，说，理想的我应当是道德高、学问好、身心健康、学生佩服的，应当是高尚的、智慧的、美丽的，而现实的我自身的实际水平与教师职业要求、与社会的期望还存在差距。缩小差距的方法，一是努力扮演“理想的我”，二是努力逼近“理想的我”；当“现实的我”达到“理想的我”的高度、境界时，我就成了优秀教师。

至于如何达到“理想的我”的高度、境界，成为优秀教师，马校长认为优化知识结构是重要一环。他说，传统教师的知识面窄，而当今学生接受的信息量大，新课程联系现代科技和现代生活也多，教师要进行专业素养、科学素养和人文素养的优化，这不仅是实施素质教育的需要，也是提高应试水平的需要。

马校长说，要成为一个优秀教师，还要关注教育道德的问题。什么是教育的道德呢？学校如何发展，教师和学生如何发展都涉及教育的道德问题。眼中只有升学率的学校，压给老师的是指标和百分比，摆在学生面前的就只有题海和无休止的考试，这显然是不道德的。

改革课堂教学，选择适合学生的教学方式，让学生对课堂保持兴趣，不被放弃，不被边缘化，让学生感觉到学习是自己的事情，也是力所能及的事情，这就是课堂道德性的体现。

教师放低身段，教学放低门槛，相信学生有学习能力，教学设计的一切都是为了帮助学生学习，这就是教师教学的道德体现。

按天性培养学生，通过“期待、激励、训练”实现扬长发展，特色发展，促其整体提高。去除功利，以生为本，因材施教，这就是教育的道德心。好的教师应该研究适合学生的课程标准、课堂实施标准和考试评价标准，保证学生不仅每节课有收获，而且考试也有好成绩。

在领导力方面，马校长强调优秀的教师作为课程实施、课堂教学、班级文化领导者的地位。认为学校应该为教师提供更多机会去担任领导角色，赋予他们对同事和学校更多的责任。名师的领导力体现在教育思想的领先，体现在对课程结构、教材选择、教学设计、学情把握、备考方向的独到见解，体现在课堂教学的示范性，体现在对教师团队专业发展的引领作用，名师领导力的提升有助于学校管理去行政化。

一个教师成为一个领域的领导者，成为学生问题的发现者、诊断者和解决者，这体现了教师的专业价值，其威信和尊严就在问题解决中不断得到巩固和提升，这也促进了教师的和谐自主发展。

季羡林先生说过，讲和谐还要讲人的自我和谐，要使人对自己的认识符合客观实际，适应社会的要求，正确对待金钱、名利，正确对待进退，正确对待荣辱，这才能和谐起来。

而作为教师，只有自我和谐，才能明白生命和职业的意义，才有内在的工作动力，才有幸福的体验；教师只有自我和谐，才能实现教与学的和谐，才有教育的和谐；教师在自我和谐的基础上，才会产生自主发展的需要。

马校长还提醒老师们，在专业发展的道路上要改变按惯性工作的习惯。他说，教育是个容易保守的事业。教师习惯于按惯性工作，设计好的教学程序，习惯使用的复习套路，习以为常的谈话方式，往往束缚了教育教学创造力的发挥。因此课堂改革很少是由老师自发而起，然而自上而下、自外而内的改革如果缺乏教师自我改进需要的支撑，又是难以奏效的。阻止惯性需要的外力，来自学生、同伴的评价和考试评价，教学反思也是减少惯性工作的有效途径。

最后，马校长用比尔·盖茨的话激励老师们，“始终瞄准制高点，敌人是自己”，又用胡锦涛同志的话与在场每一位教育者互相砥砺：“静下心来教书，潜下心来育人，努力做受学生爱戴，让人民满意的教师。”

短短一天的诊断活动在马校长精彩的演讲中结束，然而，由诊断报告引发的头脑风暴才刚刚掀开。林伟华中学陈世炯校长称，马锐雄校长此番诊断及时，符合自身愿望，促进了林伟华中学的可持续发展，以后要加强交流，共建两校深厚友谊。

校长工作室入室学习体会[①]

非常感谢广东省校长培训中心搭建的平台，使我有机会进入深圳市布吉高级中学马锐雄校长工作室学习。现在，入室学习已快一年了，为了使我们三位入室学习的学员尽快成长，马锐雄校长确实作了精心的安排，花费了很多心血，举行了诸如办学情况“对对碰”、活动观摩、校长沙龙、参观互动等活动，还有坦诚而深刻的办学思想、办学历程的分享……这一切都让我获益良多，使我增长了知识，开阔了视野，培养了素质，提升了境界，汲取了力量，更加明确了努力的方向，进一步增强了创建省级名校的信心。

结合多年来的办学管理实践及一年来入室学习的收获，我谈谈体会。

学校硬件虽不一样，但路径可以复制，经验值得借鉴。布吉高级中学教育的发展得益于天时、地利、人和，发展较快，有些办学思路是值得我们借鉴和学习的。那么如何在身处经济欠发达地区的粤东汕尾办好一所学校呢？我以为应该做到以下几点。

一、增强工作的主动性，争取政府和主管部门的支持

保持学校工作的主动性和积极性，协调好主管部门及各科室之间的关

① 本文作者为汕尾市林伟华中学校长陈世炯。

系，学校要有广泛的合作网络，丰富的校外资源，与家庭、社区、社会形成和谐的互动，争取上级部门的经费和政策支持，为学校谋求更大的发展空间。

二、校长应有自己的教育思想，校长的治理是教育思想的引领

小智者治法，睿智者治文化。布吉高级中学马锐雄校长有明确的教育思想，思路清楚，是专家型的校长。校长治理学校，首先应是学校教育思想的领导，然后才是行政的领导，如何做到这一点呢？第一，校长要有教育思想，而且要有正确的教育思想，用你的教育思想去引领教师，去影响教师，让学校有鲜明的办学思想，让师生有成长的方向；第二，要贯彻你的教育思想，使教育思想成为你治理的宝贝，教育思想不是空洞的，不是提出来挂出来看的，而是一个学校的灵魂，我们开展学校工作不是东一榔头西一棒子，而是以学校的灵魂即教育思想为出发点和落脚点的。

三、深度挖掘学校特色，走特色强校的路子

特色强校的成功事例，说明走特色学校建设之路，可以使一个学校快速做强，占领办学制高点。特色学校建设，一要找特色，每一间学校都有自己的历史和特点，要根据学校教师的群体特点和区域文化找准学校的办学特色。二要做特色，特色需要有一段时间形成和成长，学校一定要坚持不懈地丰富特色学校的建设，形成自己的品牌，并最终带动学校整体工作的推进，实现学校的内涵式发展。

四、利用绩效工资改革契机，创新教师考评机制

在国家实施义务教育学校绩效工资以来，各地中小学校都在思考着今后的办学出路。教师绩效工资的出台必定要求学校对教师考评更加科学，更加公正，这对学校的发展又是一把双刃剑。因而学校要抓住这次契机，把好事办好，制定或完善学校教师考评机制，充分调动广大教师的积极性，将其与岗位设置和教师岗位聘任、职称聘任相衔接，在治理上下功夫，寻找学校发展的新的内动力。

五、校长要善于学习，潜下心来治校

校长要多读书，跟上时代的步伐，跟上教育的需要。要成为“师者之师”，校长要善于学习，要学会带着问题去学习，善于在学习中不断发现工作中的问题，在解决问题的过程中提升自己的学习能力和治校能力。校长应该有进行宏观思维的能力，对学校治理进行整体考虑和运作。无论是分析问题，还是解决问题，都要了解整个环境各个因素之间交错复杂的关系，避免迷失于细节之中，而忽略重大问题整体的症结所在，要从各种现象中看到本质。校长应静下心来办学，潜下心来治校，不能急功近利，不能事浮表面，要遵循教育的规律去治理学校，用平和的心态做好自己的事，树立“校长作为办学第一责任人”的责任感。

开展学习、诊断活动的体会①

前一阶段在布吉高级中学马锐雄校长工作室的集中学习及之后到汕头市潮南区成田高级中学、潮州市松昌中学、汕尾市陆河县螺溪中学等学校开展的诊断活动，让我收获颇丰，所去学校的校容校貌、教育理念、办学特色、师生风采无不给我留下了深刻的印象，使我更加清楚地认识到，新时期教育工作者特别是教育管理工作者应具备一定的技巧和素质。下面我就从五个方面谈谈感受和体会。

① 本文作者为汕尾市林伟华中学校长陈世炯。

一、教育要以学生为主体，素质教育才是教育的本真

实施素质教育是当前我国教育的主旋律，新课程改革的实施和教改理念的不断实践，成为落实素质教育的助推剂，教师和教育教学管理者是教育发展、学生成长的生力军。我们所参观考察的学校都是教育家魏书生倡导的民主科学管理的典范，这些学校集中优势教育资源，办优质教育，并取得了显著成效；学校着眼于学生的德、智、体、美、劳等五育并举，兼顾学生的实践能力与创新意识的培养。大到学校的硬件设施，小到校园中的一草一木，无不展现着良好而又务实的育人氛围，无不体现着素质教育旺盛的生命力。学校突出人本管理，使学校的发展步入良性循环的轨道，取得了很好的教育教学效果。教育就是塑造人，让学生享受高起点、高品位的教育，培养学生良好的品质与坚强的意志，成为有人性的人。学校放手让学生自主参与管理，学生自发组织开展各种活动，参与社会实践，培养社会责任感及实践创新能力，让学生树立爱心意识、责任意识和维护正义的精神。相比之下，我们以前在潜意识之中还是只看重学生的成绩，在育人方面缺少创新和实践，在教育教学管理方面为学生道德方面的发展创造的条件还不够。这些学校所形成的教育规律、管理风格和办学特色无不渗透着教育者的教育智慧，无不凝聚着他们辛勤的汗水。教育是一项神圣的事业，这些学校将素质教育演绎得淋漓尽致，大气豪迈而又自信。

二、教育的成功取决于精细化管理

学校是教书育人的场所，草率、粗放的校园环境无疑对学生有着潜移默化的伤害。老子曾说：天下大事，必作于细。教育作为一种事业，如果光停留在口头上而不体现在行动实践上，则无异于空中楼阁，如水中月、镜中花。我们参观的这些学校校园环境优美，建筑设计布局合理，校园文化氛围浓厚。名人画像、雕塑、格言警句随处可见，学生的绘画作品、书法作品、小制作、工艺品等在细微之处体现着教育者为学生才能的展现和拓展所作的努力与良苦用心。这些做法对我们都是一种启发和提醒，如果我们在这些方面进入了一种常规教育的话，那么对学生身心的健康成长、才能的展现无疑是一种促进。

三、让老师做学生的良师益友

老师的一言一行，一举一动都直接对学生起着潜移默化的作用。自古以来就强调身教胜于言传，要求学生做到的，老师首先做到，而且要做得更好，更具有示范性，在无形之中为学生树立榜样。同时老师还要善于创新，做到以德育德、以个性育个性、以创新育创新。要做到这些，我们教育工作者还要不断地完善自己，不断地学习有关知识，提高自身素质，严于律己，以身作则，才能在学生中树立实实在在的形象。著名教育家魏书生说过："教师应具备进入学生心灵的本领。育人先育心，只有走进学生的心灵世界的教育，才能引起孩子心灵深处的共鸣。"所以老师要善待每一个学生，关爱每一个学生，把学生当做自己的孩子，当成自己的朋友，给学生以心灵的自由，多与每一个学生接触，缩短师生间的心理距离，与学生打成一片，切实走进学生的心灵，做学生最信任的领路人。对学生要注意语言分寸，多鼓励学生，树立学生的自信心，这样才能搞好师生关系，才能取得良好的效果。

四、用爱呵护每一个学生，用心去引导学生的转型

爱是教育的灵魂，爱是塑造美好心灵的力量。平等的爱，理解的爱，尊重的爱，民主的爱，等等，这些都是老师爱的真谛。无论在生活上，还是在学习上，都要给予学生必要的关心和帮助。只要有了问题及时处理，处理的方法得当，注意和学生沟通，学生就会信任你，喜欢你，也就喜欢上你的课。爱学生，还表现在老师对学生的尊重和信任，以及对学生的严格要求，还要注意对学生的个体差异，区别对待。对成绩比较差的学生，我们老师要采用不同的教育方法，因材施教。只有注入了爱才能引起学生的共鸣，才能走进学生的心灵，才能成为学生的良师益友，成为一个成功的教育者。促使学生养成良好的习惯，让学生健康快乐地成长。

五、教师要有强烈的责任心

教师肩负着既教书又育人的责任。首先，要有严谨的治学态度，深厚的学科专业知识和广博的科学文化知识。其次，还要有良好的职业道

德与责任感、使命感。这样就会有为教育事业无私奉献、甘为人梯、善为人梯的精神。这几天的考察学习使我认识到，作为老师，只有用自己满腔的爱去关心，去尊重每一个学生，耐心细致地去指导每一个学生，才能体现出教师的责任心，才能使学生养成良好的学习习惯，得到良好的教育。

总之，此次考察学习是一次难忘的学习经历。对我来说是受了一次极好的教育，也是对我工作的鞭策。通过学习，我认识到，作为一名教育工作者特别是一个教育管理者，必须树立终身学习的意识，不做井底之蛙，在反思中调整自己，努力实施素质教育才是根本，只有这样，才能不虚此行！在今后的工作中，我要多学习先进经验，不断改进自己的工作方法，使学校各项工作不断创新，不断发展。

像种子一样萌芽，在我心中开花[①]

我来自青海省格尔木市第七中学，来到广东参加“中国移动影子校长”培训，是学习，也是培训；叫挂职，也叫跟岗。把自己完全融入，成为其中的一员，全过程参与，零距离观察，用心去体验，收获很大。

到布吉高中跟岗，我的目的是在寻找治校的方略，寻找教学的创见，寻找成功的主因，寻找和谐的根由，同时也是在寻找学校文化的根，寻找先进教育的魂，寻找本校赶超的路径。

培训日程安排紧凑，内容丰富。短短的一周时间，我参与了学校的各

---

① 本文作者为青海省格尔木市七中付慧丽。

项活动，对布吉高中有了全面、立体的了解。

“能到这么好的学校学习，真是太幸运了。”首先是这种方式。在华东师大及北师大也参加过两次“校长提高班”的培训，经过了比较完整的理论学习，不能否认，必须有这个过程。但到外地名校体验学习，对提升更重要、非常的重要。马锐雄校长从学校发展、学校管理、学校教育教学、学校特色教育等方面进行全面介绍，然后大家进行交流座谈。听后我们收获很多，值得我们学习的地方也很多。

一、马锐雄校长很有思想，理念超前，有胆识有魄力

“一个好校长成就一所好学校。”布吉高中从薄弱学校到强势名校的关键，就是因为有了马锐雄这个智慧型的校长。马校长强调智慧与管理。在智慧方面，他的视野很宽阔，又很有气魄；在管理上实行精细化，学校没有制度化外的人，也没有制度化外的事，实现了行政管理和基层管理的无缝化对接。学校不以强制化为手段，而是以内涵建设去引领。走进布吉高中，都能感受到一种平和的气息，让我刻骨铭心。

二、结合学校基本情况和当地具体实际，特色教育非常成功，这就是我们本次学习的重点

通过主管德育和教学的黄副校长对该校德育基本情况的介绍，我发现，布吉高中的德育搞得非常成功，非常好，值得我们学习和借鉴。德育工作在许多学校，还处于“说起来重要，做起来次要，忙起来不要”的状况。我注意观察这里的学生，感觉他们个个都自信而阳光，纯朴而善良。我照搬回去未必都有效果。我认为应主要了解人家的先进经验，回去好好梳理一下，对我们工作进行改进和提高。我回去后一定要把学校未来规划重新审视一下，让办学方向更清晰，把目标定得更明确，要从这里进行突破，要结合我们当地实际。最值得我们借鉴有两点：第一，“送教进社区，主动服务”，开展家长培训，家教咨询服务，选派家校顾问以及赠送《家教指南》等资料，深入细致了解家长的需求，然后帮助解决他们家庭教育实际问题。第二，学生个人发展规划，这也是我多年困惑的问题，每年高考后家长和学生咨询最多的就是这样的问题。布吉高中的学生一进入高中

校门就让他们规划自己的未来，学校领导引导，班主任、任课老师帮助指导，通过文化课、社会实践活动、还有特长生的培养等渠道来实现。回去后我要结合我们当地实际，好好想想这方面的工作思路，整理出一套适合我校实际的操作思路。

“要带着问题去，在跟岗中发现问题，在跟岗中进行反思，在跟岗中寻找答案。”在跨省跟岗学习和不断反思中，我自己在成长。新的教育思维，新的办学目标，会像种子一样萌芽，在我心中开花。

要生存、要立足、要发展，靠的就是校长的先进理念①

为期13天的“中国移动中小学校长影子”培训就要结束了，这次培训通过到基地学校跟岗学习的形式，像影子一样跟着基地学校的校长进行学习和交流，是以往参加过的培训中收获最大、最有意义的一次。

这次培训我有幸分到深圳市布吉高中跟岗学习。布吉高级中学始建于1995年，是一所普通公办高中学校，现已创建为国家级示范高中，它以科技、德育、体育、艺术为办学特色，建有十余个特色功能室。学校在不断改造中逐渐发展与壮大，由最初的6个班发展到现在的62个班，学校教职工400余人，现有高级教师和研究生以上学历的多达130人，省、市、区学科带头人，骨干教师占学校总人数的70%以上。这些成绩的取得都离不

① 本文作者为青海昆仑中学刘春梅。

开马锐雄校长的办学理念及遵循办学规律。

马校长是一位全国优秀校长，深圳市龙岗区的知名人士；马校长所倡导的“扬长教育”理念、“师生共同愿景”、“田忌赛马，以弱胜强”的自强精神和敢于挑战、打破原有秩序的做法，都深得人心；马校长在充分尊重教育规律的基础上有自己的独立思考、判断，从专业的角度从不跟风，积极回到原点思考问题，把看准的事情做透，并逐步形成优势。

他采取的令我感触比较深刻的措施是，教师制定自我发展规划，学校对每位教师的规划分类，对“学校如何帮扶你”的问题，学校通过分类研究拿出具体的办法来，如：对中青年教师可进行区级、省级等培训，甚至出国培训。马校长特别重视科研工作，每年亲自抓一两个重点课题，并带领老师搞科研，以研促教，不断改革学校内部工作机制，形成了以学科组、年级组、文科中心、理科中心、课程开发与教师评价中心、艺术中心、科技和社团中心、科研与培训中心的新型管理模式，对我们今后的工作都很有启发。“让每一个学生都体验成功”，这是我这几天在布吉高中听到的最多的语言。而且布吉高中也通过实践证明了这一点。学生获市级艺术奖项 180 项，艺术教师获奖 29 项，出版校本教材 14 本，学生自主成立社团，如：具有特色的黑白空间、动漫、陶艺、街舞等。学生积极参与各级各类创新大赛奖项 293 人次，其中国际奖项 3 人次，国家奖项 65 人次。

以生为本，关注课堂。我们走进了高三年级和高一年级的物理课堂，实地进行了观课，发现他们把课堂教学的自主权真正还给了学生，学案式的教学让高中学生体验学习的成功。我们青海昆仑中学也在尝试这种理念下的教学，但是效果不是很理想，其主要原因是老师们普遍用学案完成不了教学任务，由开始的热衷到不用。但是西宁市第十三中，坚持“小班化”办学的初中班，用学案式的教学就取得了较好的成绩。布吉高中能做到任课教师普遍地使用这种教学方法，并且取得了很大的成绩，这与马校长贯穿的“扬长教育”有着密不可分的关联，学生已经习惯了自主式的发展，老师的作用就是引领。由此，我不由想到自己曾经参观的山东杜郎口中学的教育教学模式，学生的自主学习习惯与之相仿，但我从布吉高中看到的、听到的，更多的是校长尊重教育规律，符合教育规律的人性化的教育。我们的“失败”说明老师的理念、学生的发展并没有站到一个理论和实践相结合的高度，甚至违背教育所应遵循的规律，所以，只有真正懂得教育的内涵，才能还教育一个真正的面目。学生生源相对比较差的“弱势”学校，靠什么提高学校的声誉，又靠什么超额完成升学指标？还是“扬长教育”理念指导着布吉高中一步一步地走出困境，一步一步发展到3300名学生的国家级示范高中。布吉高中抓住了课程改革的机遇，不断让课程校本化，在高一学生的英语教学中尝试分成两层次的教法，在文科教学、体育、艺术教学上提供更多的校本课程，对学生的成绩采用跟进式，不只看平均分，更重要的是老师对学生的过程性的评价，老师、学生都有自主的发展规划等。布吉高中形成了自己独特的德育理念，就是“以人为本，全面覆盖，学校主导，立体育人”，采取了“送教进社区”、“送教上门，主动服务”的家校合作模式。校长亲自带领骨干教师团深入社区，开展各类培训，家教咨询选派家校顾问，赠送《家教指南》等活动，把先进的教育理念渗透到家长对学生的教育中，逐步形成家校合一的良好的机制，并注重心理健康教育和德育科研，真正实现“玩”出成绩。

我们青海省是全国新课程实施的最后一个省份，可借鉴的课程管理、课程研发很多，如：我们学习比较多的是宁夏的新课程模式，虽然宁夏课程改革较早，国家资金投入相对充裕，学校建设规模都很大，设备也相对先进，但基本上采用的是新课程老办法，换汤不换药的做法，在教学特色的彰显、办学理念的形成方面与发达地区相比，还缺失得多。我们不去评价发达地区经济发展与教育发展的联系，关键在于我们办学的精神。纵观我校的新课程实施，发现学分认定不科学，没有开发校本课程，体育、艺术课没有特色，通用技术课没有力量开设，原因一是没有专职教师，二是没有试验场地，过于强化成绩的比较，老师职业倦怠严重，学生过于依赖教师的教，自主学习的主动性缺乏，等等。

通过到布吉高中的学习，深刻领会到学校要生存、要立足、要发展，靠的就是校长的先进理念，并不断地发展。校长一定要多思考，多研究，把自己培养成一个融研究与实践为一体的校长，用自己的行为改变一所学校。

学习、借鉴与反思①

2011年10月，我有幸参加了“教育部—中国移动影子校长培训”项目的培训工作。在广州集中培训了两天后，我和青海、陕西、重庆、甘肃的8位高中校长一起，来到深圳市布吉高级中学跟岗学习，将近十天的学习培训，让我感觉收获颇丰，受益匪浅，开阔了眼界，启迪了思想，加深了对学校管理理念的认识。

初进布吉高中，校容校貌令人耳目一新，办学理念让人心悦诚服。学校环境整洁干净，花草树木掩映其中。教学设施完善齐备，楼宇之间互接互联。教师队伍年轻气盛，精神面貌斗志昂扬。领导班子坚强团结，分工协作游刃有余。从学校的整体面貌来看，这所学校有明确的办学理念，有良好的办学条件，有优秀的教师队伍，更有杰出的领导班子，是一所非常有发展前途的优质普通高中。学校建校时间不长，从1995年起，在短短的十几年间，从一所村办中学，发展成国家级示范性普通高中，实现了跨越式发展的目标。这充分体现了布吉高级中学追求卓越的办学精神。

马锐雄校长的报告，对学校的发展给予了深刻的阐述。学校的办学理念是，根据培养目标，结合校情、学情，为学生提供最适合学生的、满足学生个性发展需要的，为学生终身发展服务的教育。在此基础上，他们提出“让每一个学生都体验成功”的办学思路，学校对培养目标有清晰的理解，办学有追求，教育有目标，师生都有共同的愿景，学校对社会，对家长有承诺，有优质的管理和教师队伍，有切实可行的教育教学模式，有稳定而优良的教育教学质量，有鲜明的办学特色。布吉高中在这种理念的引

① 本文作者为甘肃省白银市第九中学邱双来。

领下，在制度与文化、学术与科研、课程与评价、资源与技术方面改革创新，做出了令人瞩目的成绩。

布吉高中的管理分三条线运行：教学线、德育线、行政后勤线。教学线又分为七大中心：文科教学中心、理科教学中心、艺术教学中心、科技和社团中心、体育训练中心、课程设置及评价中心、科研与培训中心。在“扬长教育”理念的指导下，学校追求“让每一个学生都体验成功”。

据我们了解，布吉高中的生源状况不好，学生大多基础比较差，入学成绩在平均分数线以下。在这种情况下，学校教学尽可能适应各个层次的学生，满足不同学生的需要。在教学上，选用最基础的教材，对一些国家课程做校本化处理，降低教学要求，降低教学难度，适应学生水平。对学生和老师的评价，从起点看终点，从入口看出口，只要有所进步，有所提高，就是成功。在这种思路的引导下，布吉高中实现了“低进高出”的良性循环，每年的高考升学率都能够超额完成上级下达的任务。

布吉高中的教学模式，非常值得我们借鉴。作为西部不发达地区的学校，同样面临着生源不好、基础薄弱的状况，为了提高升学率，学校把主要精力都放在好学生身上，一门心思抓高考，忽视了大多数基础差的学生。成功只是少数学生的成功，大多数学生得到的是失败的结局。这样不仅给没有考上大学的学生造成了心理阴影，而且给教学管理、学校教育带来了许多负面效应。布吉高中“让每一个学生都体验成功”的办学思路，值得我们深思，值得我们学习。

2011 年 10 月 26 日，我们随马锐雄校长工作室的成员参与了广东省汕尾市林伟华中学的诊断活动，马校长做的《实现学校卓越发展的三大要素》主题演讲，不仅给林伟华中学，也给我们指明了学校发展的道路。

以前参加过不少学习培训，形式大多是专家报告、教授讲座、现场观摩诸如此类。这次参加影子校长培训工程，在集中学习的基础上，让我们跟岗学习，在看中学，学中看，亲自参加学校的各种会议、活动，参与学校的教育教学、现场管理，与学校的教师、学生、管理部门零距离接触，感受颇深，效果很好。马锐雄校长的人格魅力、治学态度、教育思想、办学理念给我们很多启发。

回去之后，需要和班子成员一起认真研究，仔细揣摩，认真分析，改进工作。我们也要和布吉高中建立长期合作关系，加强联系，及时跟进，为促进西部教育的发展作出努力。

栖居布高校园　感悟教育思想[①]

一、培训情况

在广东省第二师范学院集中培训聆听了学术报告，在深圳市布吉高级中学跟岗学习聆听了该校校长的两堂学术报告，该校分管领导分别介绍了学校的教学、德育、后勤、安全管理及其所取得的成绩和学校特色建设的情况，参观了学校的硬件设施和文化建设，参加了马锐雄校长工作室到汕尾市林伟华中学的诊断活动，听取了校长工作室的情况介绍，先后深入课堂听课三节。

二、主要体会

做一名有思想的校长，这是我本次最大的体会。深圳市布吉高级中学马锐雄校长，1995 年来到这个学校，当时这所学校只有 18 名教师，6 个班。短短的 16 年时间，学校已发展为 400 余名教职工，3300 多名学生的国家级示范高中。通过两周来的学习观察和与马校长的零距离接触，我自己深深地体会到，“一个好校长就是一所好学校”的深刻内涵。思想决定行动，管理好学校不是靠权力，而是用学术去引领，马校长就是这样把一所村办学校引领到国家级示范高中的。他对普通高中优质发展进行了思

① 本文作者为陕西省汉中市 405 学校姜武。

考，提出优质教育的内涵是：根据培养目标，结合校情、学情，提供最适合学生个性发展学习需要的教育。指出教育是发展人、服务人的事业；学校的发展要根据学校实际，不照搬别人的，遇事自己多动脑筋，善于观察，勤于思考。而这些方面是我最差的，我想主要还是自己缺乏思考，缺乏认真规划、系统总结的问题，整天忙于事务，很少有时间去好好思考，加上思想上的懒惰，工作的倦怠致使学校工作基本上是靠惯性去运转，要想取得突破发展就很困难。今后，我要把马校长思考问题的方法带回去，拓展思维，优化思考力，敢于挑战，打破原有秩序，扬长避短。特别是近几年优质生源的流失，我必须认真思考，从根子上抓起，努力实现优质化的发展。

做一名科学的管理者。学校科学的管理思想体现在具体的实施过程中，学习中我看到了布吉高级中学遵循教育规律，适时提出“扬长教育”的办学理念，实现了优质发展。在战略上，他们藐视对手，战胜自我；在战术上，形成学校、教师、学生三级发展目标，科学规划，和谐发展，打造学校、社区、家庭利益共同体，打造学习型、研究型、协作型团队。

思想领先，用先进的思想武装头脑，不怕做不到，只怕想不到。这次学习培训，我收获巨大，由于时间关系，自己暂时不能系统加以总结，回去后要抓紧消化，分项对照，做到培训有期，交流无期，用实际行动感谢马校长对我的帮助。

专辑四
“扬长教育”的融合与创新

□ 从爱出发，培养人格健全的负责任的现代公民

□ 弘扬“真本”文化，促进多元发展

□ 践行“八德”，做高素养的现代中国人

□ 享受阅读　浸润书香——读书与龙高教师专业发展

2012年9月中旬，马锐雄校长受命调任龙城高级中学校长，龙城高中是首批广东省国家级示范高中，是市、区重点名校。到任后，马锐雄校长传承学校先进文化，把“扬长教育”与“做高素养的现代中国人”的办学目标融合起来，开启了龙城高中创新发展的新阶段。

从爱出发，培养人格健全的负责任的现代公民

爱，是教育的真谛和核心。前苏联教育家苏霍姆林斯基曾经说过，“没有爱就没有教育，爱是教育的前提。”从孔子的“仁爱”到墨子的“兼爱”，都说明了爱的重要，陶行知先生的“爱满天下”的思想更把爱的教育发扬光大。教师对学生真挚的爱是我们感染学生、教育学生的情感魅力。尊重信任是爱，严格要求也是爱；赞扬褒奖是爱，批评处分也体现着爱。教师对学生的爱，目的专一而形式多样，它渗透于学校工作每一个环节，贯穿于教书育人的全过程。

培养人格健全的负责任的现代公民，不仅是时代的要求，更是龙高培养目标——做高素养的现代中国人的要求。其中，“高素养”，除了人文素养和科学素养之外，还包括具有独立人格、宽容精神和生命意识；“现代”，则要求学生崇尚个性解放，维护个人尊严，具有自由精神、创新精神、民主精神和法治精神等；“中国人”的要求包括，爱国、爱家、爱同胞、爱自己，这也是一个公民的基本素养。长期以来，龙城高中一直以“做高素养现代中国人”为培养目标，在全面实施素质教育、培养全面发展、个性发展的人的道路上进行不懈实践和探索。

我们应该看到，在当前社会转型期的背景下，实现这一培养目标还存在着诸多困难和艰辛。教育越来越多地承受着来自社会和家庭等多方面的压力，使得高中教育的升学准备功能被无限放大，学校之间面临着升学率的攀比，教师需要面对考试成绩的评价，大多数家长只看重学生分数的提升，这一切压力都转嫁到学生身上，使得学生越来越难体会到成长的快乐，综合素质的提高往往成为一句空洞的口号。而教育，不仅仅是追求未

来幸福的基础和保证，教育同时具有即时价值和延时价值，它的基本功能——使人免于伤害和教人谋生——要贯穿于整个教育之中。即使是理想的教育，也同样是具体的。免于伤害，不仅仅是免于来自未来的伤害，也不仅仅是免于来自他人的伤害，更应该免于当下教育本身给学生的伤害。教育的现时作用是促进学生的身心两方面的发展，牺牲当下学生的身心健康，去追求未来缥缈的幸福，无异于缘木求鱼。因此，从爱出发，培养人格健全的负责任的现代公民，是学校教育的基本要求，也是我们在相当长时间里的基本培养目标。具体来说，在当前工作中，我们要注意做好以下几个方面的工作。

一、遵循教育规律，注意学生身心发展的差异性，切实实施分层分类教学

苏霍姆林斯基曾在《给教师的一百条建议》一书中指出："没有，也不可能有理想的学生。"学生之间的差异性是客观存在的，这要求我们在当前以班级授课方式为主的教育活动中，必须了解学生的身心特点，了解学生的需求，特别是学生学习中存在的困难，努力克服班级授课制的弊端。我们要充分认识到，学生的身心发展具有差异性，同时，个体的身心发展也存在着互补性。要善于发现学生的优点和特长，实施分类教学，引导学生实现多元发展、个性发展。结合我校实际，要大力开展分层分类教学的研究工作，制定贴近学生实际，特别要制定不同层次、不同类型班级课堂教学标准和目标。同时，要注意做好学法指导，特别是高初中的衔接教育问题，要引起我们的高度重视。我们要关注到每一个学生，使每一个学生都能得到发展，都能体会到成长和发展的快乐。

二、加强家校联系，发挥家长学校的作用，形成学校教育与家庭教育的合力

当前许多家庭存在着家长与孩子之间的沟通问题，甚至出现关系紧张现象。同样，学校对学生的家庭生活和成长历程也相对缺乏了解，这对于我们提高教育的有效性，尤其是对那些特殊群体的教育产生了一定的影响。在以后的工作中，我们一方面要积极推进家长学校的有关工作，采用分层分类策略，通过培训，努力提高家长与学生沟通的技巧。适时组织家

长来校参观，请家长深入学生宿舍、课堂，了解学生学习和生活情况，增进家长与孩子之间的信任和沟通；另一方面，要拓宽家校沟通渠道，鼓励老师进行家访，特别是电话家访、网络家访，实现家校教育之间的相互促进与补充，努力做好学生思想工作。我们还要建立社区、学校、家庭教育网络，整合教育资源，组织和鼓励学生积极参与社区服务，努力把学生培养成具有社会责任、勇于担当国家建设重任的现代公民。

三、创新德育工作，结合新时期学生特点，重点开展学生与人交往能力的培养

德育工作是学校教育工作的首要任务，党的“十八大”明确提出，新时期中学生的最大特点是受网络影响较大。我们应该看到，网络是学生接受信息、处理信息的主要渠道，这是新时期学生的优点，但同时，也带来了相应的问题，相当部分学生生活在虚拟空间之中，在现实生活中与人交往能力较差。这就要求我们适应这一特点，努力创新德育工作，特别注意学生的思想动向，做好学生的思想工作。一方面要通过各种途径了解学生，关注学生，充分利用网络等手段加强心理健康、生命教育等方面的宣传工作；另一方面，我们要切实加强心理健康教育工作，要保证高一每两周一次心理健康课的开设，高二每月一次心理健康教育活动，高三则按照实际情况，安排阶段性的心理健康教育活动。每一年级都要有专职心理健康老师负责学生的心理健康教育工作。

四、加强学校文化建设，树立全员、全程、全面育人的观念，努力建设龙高和谐校园

从爱出发，培养人格健全的负责任的现代公民，是一项系统工程，需要我们树立全员、全程、全面育人的观念。我们既要注重显性课程的建设，在学科教学等相关活动中落实新课程的三维目标，特别应注重情感、态度和价值观方面的引导，帮助学生形成正确的世界观和人生观；同时，我们还要加强学校隐性课程建设，以人为本，优化校园环境，树立良好的风气，从而形成健康和谐、积极向上的校园文化。这要求我们科学协调教育诸要素之间的关系，不仅要做好学校的各项工作，更要实现我们各项工作的综合效应和放大效应。

实施素质教育，培养全面发展、个性发展的新一代人才，要求我们必须从学生的实际出发，从学生的根本需要出发，努力做好各项工作。我们把本学年命名为“创新发展年”，就是要结合我校实际，通过创新教育观念、创新工作机制、创新工作方法，努力实现我们的教育目标。科研部门要注意做好相关教育研究工作，要把教育问题及时转化为研究课题，通过相关研究，指导我们的教育工作顺利开展；教学、教务部门要加强素质教育背景下学生评价方式的研究，让评价切实成为学生发展的助推器；德育处、工会、团委、安全办和后勤等部门，要围绕学校当前的中心工作，积极开展以关爱为主题的教育活动，主动地做好相关工作。让我们每一个人都行动起来，从爱出发，为培养人格健全的负责任的现代公民而努力！

弘扬“真本”文化，促进多元发展

龙城高级中学位于龙岗区中心城，创办于1995年。学校占地面积15.8万平方米，现有63个班，3300名学生。校园拥青山，掩碧树，绿化覆盖率93%以上，是一所环境幽雅的生态型学校，是深圳市最大规模的全寄宿制公办学校之一。建校以来，学校始终坚持“崇真尚本，追求进步”的办学理念，扎实落实国家普通高中课程改革方案，全面实施素质教育，是广东省第一批普通高中新课程改革样本学校，是广东省第一批国家级示范性普通高中。

一、“真本文化”彰显课程改革理念

2002年，学校师生进驻新学校，当时正是素质教育大讨论、极力呼唤新课程改革的时候，各种教育思想大展示，你方唱罢我登场，令人眼花缭乱。如何把握正确的方向，不盲目跟风，这迫使我们在检视各种理论的同时，不断思考教育的本质、学习的真谛以及学校的办学目的。“崇真尚本，追求进步”的办学核心理念于是被提出并得到学校师生的广泛认同。

我们认为，办人民满意的教育，一要崇真，二要尚本；真就是科学之真：一指真理，即全面实施素质教育，探寻教育和科学规律；一指真实，即实事求是，求真务实，教人求真，学做真人。本，就是人文之本：一指本源，即以弘扬民族精神和民族文化、培养爱国情操为本；一指本体，指以人为本，以人与社会和谐发展为本。

学校要培养什么样的人，国家有统一的目标，学校有个性的提法。龙城高中在积极考虑国家要求、社会需求、学生个性发展要求的同时，提出了学校的培养目标，那就是“做高素养的现代中国人”。高素养：它包括科学素养和人文素养。科学素养以求真、创新为核心，人文素养以尚本发展为核心。现代：包括民主与法制意识、开放与创新意识、竞争与合作意识、公民与社会意识、环境与健康意识。中国人：能自觉维护国家的尊严和利益，能积极主动地继承中华民族的传统美德和优秀的传统文化，能自觉、自愿地报效祖国。

这个培养目标如何实现，必须依靠课程。课程是实现育人目标的最重要手段。我们认为，学校发展的高度看办学理念，学校的质量提高主要靠课堂，学校发展的特色如何主要看课程设置。课程的特色性、丰富性决定一所学校的特色和水平。

在办学核心理念和培养目标指引下，我们总结提炼出龙高的课程改革理念，即：着眼于全体师生的全面发展，坚持课程改革与促进教师专业发展相结合，与促进全体学生自主发展、个性发展、全面发展相结合；与创办主动适应现代社会发展，适应教育改革发展的现代化学校相结合，努力构建具有龙高特色的系统化、个性化和发展性的课程体系。十年来，我们一直争取立足于教育教学的本源思考教学改革，一直坚持以学生为根本，以教师为依靠，建设“真本”文化，推进教育行动，于是有了一系列立足于学生的课程改革行动。

二、探索创新推进课程改革实践

1. 创新课堂教学模式，转变学生学习方式

学习方式转变是新课程改革的显著特征。改变原来单一的、被动的学

习方式，建立和形成旨在充分调动、发挥学生主体性的多样化学习方式，促进学生在教师指导下主动地、富有个性地学习，既是课程改革的要求，又是我校践行“真本”文化的必然选择。

改变学生学习方式，首先要从改变教师“教”的方式入手。我校积极探索课堂教学改革模式，大力开展“认知科学”“脑科学”等教育教学理论的学习与研究，先后推出“卡皮克记忆研究应用”“金字塔学习理论应用”“三问题、十分钟课型”“思维导图与知识树应用”等课堂教学模式，同时，“分层教学”“走班式”等教学模式，不仅使“因材施教”成为现实，而且在由教师中心向学生中心的课改道路上迈出了坚实的一步。

在学生学方面，我们充分发挥龙高社团作用，大力推进研究性学习活动，先后成立了“英语俱乐部”“数学社”“物理社”“信息奥赛”等多个学科学习社团，学生们自主管理，自主学习，研究学法，交流心得，极大地提高了学生自主学习能力。另外，学校大力开展科技创新活动，鼓励学生动手实践，积极开展研究性学习，取得了丰硕成果，其中“龙岗河水质调查”“碧岭生态园考察”和“客家围屋现状调查”等活动在区内产生了巨大影响。“高压锅内水温估测”“鸡蛋撞地球”“校内植物辨别”等活动深受学生欢迎，极大地调动了学生学习的积极性。

2. 创新课程开发模式，促进学生全面发展

实施新课程改革以来，我校在已有的课改成效基础上，以“积极、理性、坚持”的态度和作风，扎实推进课改。学校成立了“课程委员会”，形成了课程规划、组织、选择的科学流程，完善了学校的三级课程结构，大力开发了生态基地等各种各类课程资源，形成了在办学思想引领下的、较为完备的课程体系。围绕着“科学、民族、现代”三个维度，我们开设实施了包括科学素养类、人文素养类、身心健康类、生活职业技能类、学科拓展延伸类和国际教育类等六大方面的内容丰富、体系完善的学校课程，建设了以《中华传统美德教育》《客家文化研究》《龙岗走向城市化》《中华武术》《科技创新教育》等为代表的优质校本课程。

2010 年，我校积极投入到市区两级素质教育特色学校建设中来，先后成为深圳市素质教育科技教育特色学校创建单位和龙岗区课程改革特色学校创建单位。我校先后建立了以“青少年科学院”统领下的科技教育课程体系，通过严格实施国家规定课程，丰富科技教育课程内容，积极开发校本课程等方式，积极推进科技教育课程改革。我校针对学科特点和教师个人特点，鼓励引导教师进行自主课程申报与开发，广大教师的积极性得以充分调动，先后有50多位教师提交课程开发计划，课程委员会经过评审，23个主题被批准立项，《时事评论》《国际教育》《合唱》等一批校本课程已建设成学校的精品课程。学校近期倡导师生就课程实施中的难点、热点和重点内容进行“微课程”开发，以期把课程建设引向深入。

3. 创新课程评价方式，提高学生整体素养

为了突出“以人为本，多元发展”的教育理念，实现学校“做高素养的现代中国人”的培养目标，学校建立了综合素质评价机制，改变了过去只以分数评价学生的方式。通过学生自我评价、学生互评、班主任的操行评定、家长评议等多渠道评价，客观真实地反映学生的综合素质。为拓宽评价范畴，学校在传统的“三好学生”评比之外，又创设了“龙高美学子”等多项荣誉称号，鼓励不同层面学生的自主发展，主动发展，为学生的成长注入了强劲的原动力。学校广泛开展了各种社团活动，以此作为素质教育与社团建设的最佳结合点，每年举办科技节、艺术节、社团活动节等节日，开展辩论赛、优秀作文展、经典诵读、田径运动会等活动。学校建立学生成长记录袋制度。内容包括参加社会实践活动记录、优秀作品、文章、获奖证书、研究性学习、试卷、成绩、学分认定结果、班主任综合性评价等。

另外，为了使课程改革走向深入，使课改理念落到实处，学校还建立了教师教学业绩评价、课堂教学效果评价、教研组（科组）绩效等多个评价机制，对全面实施素质教育，起到了积极的推动作用。实践证明，多元评价改革，为学生的素质发展提供了广阔的舞台，为教师的教育行为提供了方向，促进了学生更加全面和谐地发展。

4. 创新校本培训机制，致力教师专业发展

新课程的实施，使教师的工作职能出现了新的、深刻的变化。这种变化极大地提高了教师劳动的复杂程度和创造程度，新课程实施的成与败，教师起着关键的作用，这就对教师的专业化素质提出了更高的要求。没有教师的专业化成长，就没有教育的发展。为此，学校制定了“文化引领，‘双力’推进”工作策略，形成了“读训练写”的教师个体发展策略，构建了“研修行一体化”的校本培训模式，明确了“立小课题，做真研究”

的教师校本科研模式，激发教师在实施素质教育的大道上不断求真务实。

学校提出了“全体师生、全面发展”的“双全”教育理念，尤其是在促进教师专业发展上下大气力，以教师的专业发展，促进学生的全面发展。我们提出了“读训练写”教师个人发展策略，通过引导教师读书（读经典、读教育教学理论）、培训（集体培训、专题培训、外出培训、个别指导）、实践（课堂教学、课题研究）、反思叙写的方式，提高教师专业能力。学校通过网络、鼓励教师著书立说，以及每月出版一期内部教师专业发展专刊《发展》报，为教师专业发展提供资源和展示平台。这一策略对于龙高教师的专业发展，起到了极大的推动作用。2006 年，全省“促进教师专业化发展研讨会”在我校召开，我校做了“专业发展无止境，教师发展有路径”的专题报告，受到与会者一致好评。我校的《以反思叙写推动阅读、培训、实践，促进教师专业发展的行动研究报告》申报了市“十一五”规划课题，也已顺利结题。

三、多元发展彰显课程改革成效

通过进行“积极、理性、坚持”的课程改革，学校课程体系日趋成熟，培养模式日趋走向多元，办学水平不断提高，教师师德师能不断提升，全体学生走向多元化发展。

1. 建立了较为成熟而全面的课程体系

经过十年的努力开拓和积极创新，我校的课程体系已经逐步发展成熟，国家课程的各模块内容逐渐丰富、充实，校本课程逐渐多元化、精品化，国家课程和校本课程的教学资源得到了一定程度的积累。从课程结构来看，学科课程与活动课程、分科课程与综合课程、必修课程与选修课程、显性课程与隐性课程比例恰当，相辅相成；从课程组织形式来看，以《龙城高级中学选课指导手册》为指引，分层教学与走班相结合的组织形式使我校的课程组织科学而有序。

2. 形成了良好的教师专业发展态势

经过几年时间的努力，校内逐渐形成了一个健康、积极向上的教师群体。他们热情好学，师德师风良好；他们爱岗敬业，教学技艺高和管理能力强，教学成绩突出，逐渐成为省、市、区、学校教育教学主干力量。近三年来，在教学技能竞赛中获得市级以上奖励的有 50 余人次，有 20 多人被评为“优秀班主任”，有 48 人在高考工作中被表彰，市级以上名师 9 人。

3. 实现了学生全面加特长的发展目标

学校建立了包括安全教育、学科文化教育、体艺教育、传统美德教育、心理健康教育、科技教育、劳动教育、国际教育为主要内容的八大教育体系。其中科技教育、传统美德教育、心理健康教育等在较大的范围内产生了良好的影响。学校形成了文化、竞赛、体育、美术、音乐、传媒、留学七个类别的培养方向，学生立足于模块学习、竞赛培训、特长发展的素质教育平台，已经从走高考“独木桥”的局面，发展为普通高考、自主招生、单考单招、特长加分、名校保送、出国留学等多渠道发展的多元格局。

学校形成了学生自主管理、自主发展的丰富平台。瀚海文学社、先锋机器人、小龙人表演社、集英动漫社、无线电协会、游泳队、定向越野俱乐部、龙高管乐队、双截棍俱乐部、体育舞蹈队、义工社、健美操队、合唱社、天文协会、龙韵新闻社、家国论坛等56个社团给学生提供了丰富的特长发展途径。

4. 促进了学校又好又快地发展

几年来，学校在课改的摸索过程中取得了一系列的成绩：2007 年，我校以优异成绩通过了广东省国家级示范性普通高中初期督导评估和终期验收，被评为广东省普通高中教学水平评估优秀学校；2007 年以来，先后被评为“全国学校文化建设先进单位”“广东省安全文明校园”“广东省现代教育技术实验学校”“广东省中小学继续教育校本培训示范学校”“广东省中小学校长培训实践基地”“广东省首批宣传推广的和谐学校”“广东省心理健康教育示范学校”；学校先后多次荣获深圳市教育系统先进单位、深圳市高中教育教学先进单位、深圳市课改先进单位、深圳市文明单位、深圳市书香校园等荣誉；2008 年 11 月，《人民教育》第 22 期以《做高素养的现代中国人——广东省深圳市龙城高级中学发展纪实》为题，在“名校扫描”专栏中长篇报道了龙城高级中学的办学经验；2010 年，我校被评为“广东省青少年科学教育特色学校”；2011 年成为深圳市科技教育特色学校创建单位、龙岗区课程改革特色学校创建单位；在历年的高考中，我校屡获佳绩，连续七年获得深圳市高考工作卓越奖。

总之，课程改革是一项长期而艰巨的工作，我们仅仅是在这一伟大而艰辛的道路上做了一些小小的探索和尝试。龙高人深知，前方的道路还很漫长，也必定不平坦。对龙高人而言，探索的过程本身就是一种幸福，这是龙高人价值的体现。相信在上级领导的关心下，在各位教育同人的帮助下，在社会各界的支持下，在我校全体师生的努力下，我校的课程改革特色学校创建工作一定会取得更辉煌的成绩。

践行“八德”，做高素养的现代中国人

广东省深圳市龙城高中毗邻港澳，处于中西方文化碰撞、交融的前沿地区，社会文化呈现出多元性和复杂性。1999 年，针对部分青少年的“中国人文化特质”越来越弱化，个别孩子还成为空有黄皮肤却无“中国心”的“香蕉人”的现状，龙城高中开展了以“忠、孝、礼、义、信”为核心内容的德育实践活动。2004 年，提出了“做高素养的现代中国人”的育人目标，近两年，又提出了“八德”教育。“八德”即忠、孝、礼、义、信、智、健、勤。

“八德”教育是在继承中华传统美德的基础上，结合知识经济时代对人才的要求提出的。汉代董仲舒在孔孟思想的基础上提出仁、义、礼、智、信，后世称为“五常”。到宋代，朱熹提出了孝、悌、忠、信、礼、义、廉、耻“八德”。结合目前青少年道德现状，学校认为以“忠、孝、礼、义、信”为抓手，开展德育实践更符合当前实际。同时考虑到 21 世纪是知识经济时代，科技道德、生态道德、经济道德、信息道德成为重要的道德内容。因此，龙城高中在“忠、孝、礼、义、信”基础上，又加入“智、健、勤”等新的德育内容，进行了德育内容的创新和完善，使德育

内容在继承中创新，在创新中完善。

一、忠：内求仁善，外尽职守

忠，敬也。其意指为人诚恳厚道、做事尽心尽力，即内求仁善，外尽职守。它是下对上、民对国、私对公的行事准则。忠于事业，忠于祖国，忠于人民，是中华民族崇高的价值追求。

龙城高中把“忠”作为德育工作的首要内容，开展了以理想信念教育和爱国主义教育为重点的忠公教育。

理想信念教育包括励志教育、职业规划教育、人生观、世界观教育等，倡导“立己达人，兼济天下”。龙城高中的大厅一直悬挂一副对联：“志存高远，学祖逖起舞甘罗拜相，少年心事当拿云；脚踏实地，效孙康映雪陶侃惜时，天道酬勤事竟成”，激励学生做脚踏实地的理想主义者。

爱国主义教育是德育的核心内容。学校开设了“中华传统美德”、“客家文化”等系列校本课程；充分利用东江纵队纪念馆等学校周边爱国主义教育基地，开展系列教育活动；举行爱国主义诗文朗诵会、爱国主义歌曲合唱赛，激发学生热爱家乡、报效祖国的热情。

二、孝：孝亲敬长，推己及人

中国古代道德中的“孝”，主要指子女对父母的孝敬。它是人类相生相养的自然情感。它强调追根溯源、感恩图报，进而推己及人，即“老吾老以及人之老，幼吾幼以及人之幼”。“孝”在家表现为孝敬父母，在外表现为尊敬师长、关心他人、社会。龙城高中在德育工作中，充分挖掘“孝”的内涵，开展了以感恩教育为重点的孝德教育。

学校通过主题班会、演讲比赛、社区服务等活动，让学生常怀感恩之心。同时，学校还开展一系列助人为乐活动，如：组织义工进社区，帮扶残障同学，为灾区捐款捐物，对口帮助贵州边阳中学、本省河源等贫困地区学生，培养学生的仁爱之心。汶川地震发生后，学生自发组织捐款，在短短 3 天时间内捐款数额达到 50 多万元。自 1999 年起，学校师生向贵州贫困地区一所学校捐款 50 多万元、捐书几千册。

三、礼：恭谦尊重，礼敬自然

在中国传统道德中，“礼”的核心意义是秩序、谦让、尊重。它是协调人与人、人与社会及人与自然之间关系的道德准则和行为规范。对人对社会表现为讲秩序、讲礼仪，对自然表现为尊重自然规律、与自然和谐相处。

龙城高中提倡礼让他人、礼敬自然，开展了以习惯养成教育、合作教育和环境保护教育为重点的系列尚礼教育。

习惯养成教育以文明礼貌教育、行为规范教育和典礼仪式教育为重点。学校提倡文明用餐、文明用语，注重仪容仪表，加强对学生生活礼仪的教育；制定课室管理公约，加强对学生学习礼仪的教育；制定了开学典礼、散学典礼、毕业典礼、升旗仪式、成人仪式、表彰大会等活动细则，加强对学生的公共礼仪教育。同时，学校还开展评选“文明班”“文明宿舍”“文明礼貌标兵”等活动，使学生知礼、守礼。

合作教育主要是培养学生合作意识、合作能力、合作道德，使学生学会交往、学会参与、学会倾听、学会协调。学校请专业心理教师进行“合作的重要性”“交往中的礼仪”“如何提高沟通能力”等专题讲座，开设相关校本课程，开展班级“手拉手”跑步、50米全员接力赛、班级信任游戏等活动，强化合作意识，提高合作能力，协调和融洽人与人的关系。

环境教育主要培养学生的生态道德意识，引导学生自觉维护自然界的有序性，养成保护环境的自觉行为，使人与自然和谐相处。学校开展“环境保护月”活动，组织学生进行环境调查，学生走向街头分发环境保护知识传单，讲解低碳生活的相关知识，营造人与自然、人与社会的和谐美。

四、义：公平正义，勇担责任

中国传统道德中的“义”，主要指公正、合理和应当做的。孔子解释为“义者，宜也”。现代学生对“义气”接触较多，但对“义”的理解较为狭隘，甚至意气用事。为此，学校加强“义”的教育，突出“义”的责任性、规则性，开展了以责任教育和法制教育为重点的仁义教育。

责任教育强调学生公平正义、社会道义、民族大义，倡导学生勇于担当、甘于奉献；强化角色意识，自觉履行义务；强化规则意识、责任意识，对自己负责，对社会负责，对国家负责，成己成人，利民利国。学校组建“家国论坛”等社团，开展“我为祖国作贡献”等系列演讲活动，让学生明确“天下兴亡，我的责任”。

法制教育是指教育学生知法、守法，依法行事。学校编写、下发《新生入学教育指南》；开展“模拟法庭”活动；与街道办、法制办、派出所、戒毒所等单位建立“学校—社区”网络；定期宣讲法律法规；组织学生旁听法院的庭审，增强学生的守法意识；在学校开展禁烟禁赌专项行动，扫除歪风，弘扬正气。

五、信：内诚于己，外信于人

“信者，实也”。中国传统道德中的“信”，其核心思想是“诚实守信”。“信”有两个层次：“内诚于己”和“外信于人”。“内诚于己”就是真诚务实，慎独，自信，不自欺；“外信于人”就是重诺守信，坦诚相待，不欺人。

龙城高中以“自信、自主、自强”为抓手，重点开展自我教育和诚信教育。

自我教育重在自主学习、自我管理，培养慎独意识和反思意识，提高自我发展能力。在网络信息时代，学校加强了学生网络道德教育、自律教育；学校成立了“学生纪律仲裁委员会”“日常行为规范检查小组”，设立“校长（主任）助理”，让学生参与学校管理，提高学生自主、自律的能力，实现自我超越。

诚信教育对个人强调言行一致，表里如一，求真务实；对他人、社会强调重诺守信。学校组织多种诚信体验活动，如：开展无人监考活动，组织学生签订诚信考试责任书；制定班级“诚信公约”，自觉践行诚信诺言；组织无人售货义卖、图书漂流等活动；评选“诚信之星”“诚信班级”，表彰诚信典型。

六、智：明辨是非，追求真理

中国传统道德中的“智”主要指明辨是非、正确抉择的智慧和能力。在新时代，“智”被赋予了更多的含义，体现为创新意识、科学精神、终身学习思想、科学发展观和尊重知识、认识生态等新的内容。

龙城高中重点开展了崇真尚本教育、创新教育和经济伦理教育。

崇真尚本教育强调追求真理，明辨是非、善恶、美丑，树立正确的人生观、价值观。学校通过辩论赛等活动和时事评论等课程，加强对学生世界观、人生观、价值观的引导，帮助学生提高明辨是非的能力。

创新教育主要培养学生创新意识和科学精神，使学生具有勇于探索、实事求是、独立创新、开放协作的理性品质。学校开展研究性学习，鼓励小发明小制作，成立青少年科学院、科技模型俱乐部和机器人俱乐部，为学生的终身学习奠定坚实基础。

经济伦理教育主要培养学生正确的财富观、消费观，增强节约意识、效率意识、可持续发展意识。学校开设跳蚤市场，举办财富讲座，鼓励学生应聘暑期工，提倡物品回收利用，实施课堂限时训练，对学生进行理财、节俭、效益等经济伦理教育。

七、健：修身养性，健全人格

“健”不仅指身体的健康，更重要的是心理的健康。为此，龙城高中重点开展了中华武术教育、心理健康教育。

中华武术校本课程是学校特色课程之一，是对常规体育课程的重要补充。它不仅强身健体，而且修身养性，有利于培养学生坚韧顽强的意志，继承和传播民族文化精髓。

心理健康教育主要培养学生自我认识与自我调控，承受挫折与适应环境，健全的人格和良好的个性心理品质。学校成立了心理健康教育中心，成立了师生心理工作坊，通过心理课程、心理咨询、心理社团活动、建立学生心灵档案、对心理异常学生进行辅导和跟踪，培养学生正确认识自我、调控自我、承受挫折、适应环境的能力，塑造学生健全的人格和良好的个性心理品质。

八、勤：博学多思，吃苦耐劳

“业精于勤荒于嬉”。“勤”，对学生来说，主要包括勤学习、勤劳动、勤思考。“勤学习”主要培养学生热爱学习、刻苦钻研的精神，培养学生终身学习的意识；“勤劳动”主要培养学生良好的劳动习惯和对劳动人民的深厚感情，使学生热爱劳动、珍惜劳动成果；“勤思考”主要培养学生积极思考、主动反思、敢于质疑、敢于创新的精神。

考虑到独生子女容易养尊处优、怕苦怕累，为此，龙城高中开设劳动课程，组织学生到食堂洗刷碗筷，和园艺工人一起修剪花草树木，和环卫工人一起打扫校园卫生；还组织学生开展社会实践、义工活动，教育学生主动承担家务劳动，帮助学生树立正确的劳动观念和劳动态度，促进学生养成良好的劳动习惯。

近年来，龙城高中在“做高素养的现代中国人”的育人目标的引领下，坚持“八德”教育，赢得了广泛赞誉。2008 年，《人民教育》以《做高素养的现代中国人》为题全面报道了学校的办学经验和办学理念；2009 年，全国中华传统美德教育研讨会在龙城高中成功举办。传承真善美，争做弄潮儿。龙城高中的“八德”教育，向人们展示了一幅意象生动、境界高远的美丽画卷，“做高素养的现代中国人”的口号将越来越响亮。

享受阅读　浸润书香

——读书与龙高教师专业发展

读书，有助于提高我们的教育情怀，能够使教师不断增长职业智慧。苏霍姆林斯基说过：“无限相信书籍的力量，是我的教育信仰的真谛之一。”人类几千年的教育历史中，创造和积累了许多宝贵的教育思想财富，这些财富保存的载体主要就是教育的经典著作。从某种意义上说，一个教育家的成长历史，就是他学习的历史。教师作为传承文化的使者，必须伴随着读书而发展和超越自我。读书，会使教师不再自甘平庸；读书，会消除教师“职业倦怠”。我们可以从薛瑞萍老师的《给我一个班，我就满足了》一书中，体会到一个基层教育工作者质朴的教育情怀，书中所说的事情，似乎就发生在我们身边，薛老师用满腔的爱，教会我们走进学生的心灵。雷夫在《第五十六号教室》里，用“不在乎别人怎么看，学生才是最重要”的信念，创造出教育的奇迹。一本《给教师的100条建议》，是许多教师一生的良师益友。这些书，无论读过多少遍，无论什么时候翻阅，我们都会为大师的睿智而折服，都会有新的心得。读书不是复印大师的思想，我们要善于在读书中与大师们对话，要结合自己的教育教学实际，与大师们进行心灵的碰撞，唯有此，才会体会到教育的真谛。

读书，有助于提高我们的专业能力。教育是一种专业，而专业技能，绝不仅仅是在教学实践当中，自己独自可以摸索出来的。它需要我们用理论来武装自己，用理论来指导我们的实践。新课程不再像传统课程那样统一机械、墨守成规，很少变通，而是具有许多不确定性：多元智力和多元价值取向，决定了教学目标和结果的不确定性；个别化教学决定了教学对象的不确定性；综合性的加大决定了教学内容的不确定；师生共同探讨新知决定了教学过程的不确定性；教学的多样性、变动性决定了教师必须是个娴熟而高超的教育教学设计者、决策者、支配者、智者、专业知识的发展者和创造者。我们从奥苏伯尔的《有意义的接受性学习》一书，学会先行组织者材料的使用，从而使概念教学建立在学生应有认知的基础之上；我们从加涅的《学习的条件》中，去体会什么是教学中的循序渐进；霍华德·加德纳告诉我们什么是多元智能理论，从而让我们发现了孩子们身上的更多闪光点；斯腾伯格的三元智力理论，为我们开发学生智力，提供了可以借鉴的路径。一个教师，真正的专业素养和专业能力，绝不是仅仅靠研究几套高考试卷，押猜几个题目就能实现的。要想成为学者型教师、专家型教师，通过读书反思，指导自己的实践，是成功的不二法门。

读书，可以开阔我们的眼界，提升我们做人的境界，做教育的境界。由于职业的原因，教师的阅历有限，我们能涉历的门类也有限。但我们要为孩子们打开未来的大门，打开通往无限世界的大门。读书，可以帮助我们实现这一愿望。教育既是一门技术，又是一门艺术，它要求我们拥有雄厚的功底、良好的修养。我赞同这样的观点，教师要成为“杂家”，就是要求教师要博览群书，广泛涉猎，在读书的同时，提升自己，并为学生的需要做准备。对于一个教师而言，当下最需要的可能是专业类、技术类方面的阅读，而往往忽视教育哲学类的阅读。实际上，这是一个十分重要的领域，是每个教育工作者都不容忽视的问题。教育哲学的学习，可以让我们明白为什么而教，理解教育的本质、教育的目的，从而提升我们的教育境界和教育能力。

龙城高中从建校以来，非常注重教师的读书学习，用“我们是读书人”、“我们是思想者”的口号，营造良好的读书氛围。经过多年的实践，龙高人探索出一条独具龙高特色的促进教师专业发展途径——“读、训、练、写”。学校成立了教师学习会、读书俱乐部、新青年先锋论坛等学习型组织，带动全体教师参与读书活动，每学期为老师们购买书籍，每年开展读书月活动，每个假期开展读书行动，并且把读书与反思叙写紧密结合起来，取得了很好的效果。最近，学校计划筹建“龙高名师工作室”、“教学骨干工作室”和“教坛新秀工作室”，并以这些工作室为龙头，大力开展教师专业提升活动。专业能力的提升，首先从读书开始。希望我们的各级名师、教学骨干、学科带头人和教坛新秀们以身作则，充分发挥专业引领作用，也希望我们全体师生，积极行动起来，为促进教师的专业发展，为实现龙高更好、更大的发展而努力！